はじめての人文学　文化を学ぶ，世界と繋がる

はじめての人文学

——文化を学ぶ，世界と繋がる——

佐藤 貴史・仲松 優子・村中 亮夫［編著］

田中 綾・手塚 薫・柴田 崇［著］

知泉書館

目　次

目　次

はじめての人文学

——文化を学ぶ、世界と繋がる——

文化を学ぶ、世界と繋がる
——自分の足元から人文学をはじめよう——

北海学園大学人文学部のポリシーには次のような言葉がある。

> 人文学部は、建学の精神のもと、「新人文主義」を教育理念として掲げ、一九九三年四月に開設された学部です。人文学部では、「文化を学ぶ、世界と繋がる」をモットーに、現代社会が直面する諸課題に「文化」の視点で応え、他者とともに創造的な未来を切り拓くことで、自らのキャリアを主体的に形成できる人間の育成を目指しています[1]（傍点引用者）。

「文化を学ぶ、世界と繋がる」——〈なぜ文化を学べば、世界と繋がることができるのか〉、そして〈どのように文化を学べば、世界と繋がることができるのか〉。本書は、このような問いに導かれながら、各章の担当者が広い意味では人文学、狭い意味ではみずからの専門領域

（日本近現代文学、思想史、フランス近世・近代史、人類学、メディア論、地理学）に基づいて、文化と世界の関係について論じている。

冒頭に掲げた「文化を学ぶ、世界と繋がる」は単なるキャッチフレーズではなく、現代社会において人文学を学び、その意義を考えるための出発点になるのではないかと、私たちは考えている。そして、学生たちと一緒になって、文化と世界の関係について考えてみたいという願いとともに本書は編まれたのである。〈人文学のアクチュアリティ〉といえば気恥ずかしい感じもするが、私たちは人文学部の教員として日々教壇に立ち、現代社会に生きる一人の人間として人文学を学生たちに教え、そしてともに学んでいる。そうした経験をもとに編まれた本書は、目もくらむような崇高な人文学の理念や壮大な人文知の体系を提示するものではない。むしろ、本書において私たちはそれぞれ自分の足元から――まさに講義の経験や自分たちが生きる現実の問題を意識しながら――人文学をはじめており、最終的にその成果がこれから人文学を学ぶ人々にとっての出発点になることを願っているのである。

以下では、少しだけ各章への導入となることを書いておきたい。ただ本書のキーワードである「文化」も「世界」も多様な意味を含んだ概念なので、画一的な定義を与えることはやめよう。読者が各章の議論を読んだうえで、どのように文化や世界は語られうるか、そして語られるべきかを、できれば批判的に考えてほしい。ここでは重要な社会学者の視点を共有しながら、私たちがいかなる現実を生きているかを確認することで、各章への導入としたい。

＊　＊　＊

ドイツの社会学者ウルリッヒ・ベックは、「反省的／再帰的近代化」という概念を用いて、私たちの世界を描いている[2]。彼の議論の特徴は、近代という時代の成立を二つの段階に分けて論じていることであり、その意味では単線的な近代理解ではない。

ベックによれば、「社会の近代化が進めば進むほど、行為の担い手（主体）は、みずからの存在の社会的諸条件に省察をくわえ、こうした省察によってその条件を変える能力を獲得していくようになる」（ベック［一九九七b］三二二）。要するに、第一の近代化によって人間――近代人、そしてその延長線上にある私たち――はいつも自分や他者、そして周囲の世界を気にしており、何かを変えようとしているのだという。少し難しくいえば、第一の近代化はみずからの根拠を認識し、反省することを目指そうとしているのである。そして、この認識と反省のプロセスは、ときには価値を作り直し、ときにはみずからが依拠していた価値を解体してしまう。人間は物事を理解し、反省すればするほど、自分がしたがっている価値は本当に正しいのか、自分の行動はこれでよいのかなどと疑いはじめ、新しい選択肢と決定を求めていく。これがベックのいう第一の近代化が引き起こした状況である。

そして、この第一の近代化があまりに上手くいったことが、ときに私たちの世界に重大な悲劇がもたらされているのである。ベックは「近現代社会の近代化がより一層進展すれば進展するほど、工業社会の基盤はますます解体され、浪費され、変化をこうむり、危険にさらされていくという命題」（ベック［一九九七b］三二二）について語り、これを第二の近代化とみなしている。

しかも、第一の近代化との違いは、このような近代社会の第二のプロセスは「省察なしに、つまり、知識や意識が及ばないかたちで生じるという事実にある」（ベック［一九九七b］三二二）。人間が作ったにもかかわらず、人間の手から離れてしまった近代世界は、みずから生み出した価値、技術、制度が不確実性――「大災害が引き起こす緊急事態、ナショナリズム、大規模な貧困、さまざまな宗派や信仰による宗教的原理主義、生態系の危機、戦争や革命の恐れ」（ベック［一九九七a］一五）――としてみずからに跳ね返ってくる、つまり再帰してくるという状況に直面せざるをえないのである。

具体的に話そう。チェルノブイリや福島の原発事故を考えてみてほしい。近代世界は理解と反省をくり返しながら、自然科学を、そして原子力という新しい科学技術を自分のものにした。

原発は私たちにエネルギーを供給し、豊かな社会を実現してくれたかのように思えた。しかし、そこで一度大きな事故が起きてしまうと、自分たちで作った科学技術（原子力技術や原子力産業）であるにもかかわらず、自分たちの力ではまったくコントロールできないような状況に陥ったのである。そして、誰にも予測できない不確実な未来が自分たちに降りかかってきたし、いまでも降りかかり続けている。要するに、新しい制度、価値、生き方はつねに新しい不具合、不確実さ、不満を生み出しているのであり、その意味では私たちの世界はいつも不安定である。このような世界を、ポーランド生まれの社会学者ジグムント・バウマンであれば、「液状化した近代」（バウマン［二〇一四］九）と呼ぶだろう。多くのものが液体のように流れ出し、確実に固定したものなどが存在しない世界である。

こうした不確実な世界のなかで、文化は無関係でいられるのだろうか。この問題について、二〇一五年四月二五日の朝日新聞に興味深いインタビューが掲載されていた。フランスの社会学者ミシェル・ウィエビオルカは、ヘイトスピーチや人種差別的な発言が平然と口にされる時代に、文化には危うさが潜んでいるという。

ウィエビオルカによれば、現代の「人種差別」は目まぐるしいグローバル化や時代の動揺によって引き起こされた問題と密接な関係にある。たとえば、日本は同質的な社会ではなく、多様な文化やアイデンティティをもった人々から構成されている。こうした人々のあいだに不平等という社会問題が生じると、それはいつのまにか文化による差別の問題に姿を変えることがある。つまり、文化的な違いが絶対的な違いに読み替えられ、人々を区別・差別するための指標になり、自分たちのアイデンティティを守ろうとする力が働くのである。しかも社会的にみれば、差別するグループも差別されるグループも、どちらも社会の周縁に追いやられている人々かもしれない。こうした問題を、彼は次のようにまとめている。

文化的な違いの問題はつねにナショナル・アイデンティティーと絡みます。それが文化的な同質性を指すという考えが浸透すれば、違う人たちを排除する発想につながりやすい（ウィエビオルカ［二〇一五］一三面）。

何が起こるかわからない不安定な世界のなかで、確かさを求めて自分たちの文化をあまりに不変的なものだと考えはじめると、そこには差別の口実が生まれることになるかもしれない。言い換えれば、文化的な違いが絶対的な違いと考えられ、それが差別の理由になるとき、実質的には「文化」という言葉はかつての「人種」と同じ意味になってしまう。「ある人たちが自分たちとまったく違っていて変わりようがないのだ」（ウィエビオルカ［二〇一五］一三面）――こうした考え方が影響力をもちはじめると、文化は絶対的な違い、すなわち〈われわれ〉と〈あいつら〉を区別し、そして差別するための指標になってしまうのである。ウィエビオルカは、現代の文化理解に潜む危うさに注意を促しながら、こう答えている。

文化とは変わり続けるものです。……何年も何世紀も、同じままに安定して再生産され続ける文化などありません。つねに変化する（ウィエビオルカ［二〇一五］一三面）。

何人かの社会学者の見解について確認してみた。要するに、私たちは変化し続ける文化とともに、不確実な世界のなかで生きているのである。文化も世界も変わらないと考えることが、どれほど現実離れした立場であるかがわかるだろう。とはいえ、これだけではまだ「文化を学ぶ」と「世界と繋がる」のあいだにあって、両者を関係づけている〈と〉の意味がみえてこない。その具体的な内容については、ぜひそれぞれの章を読んでほしい。ここでは私たちの現実を指摘するだけにとどめておきたい。

＊　＊　＊

本書は、最初から通して読んでもらってもよいし、興味のある章から読んでもらってもかまわない。それぞれの章は学術論文の体裁をとっている。とはいえ、私、仕事、悪、良心、主権、歴史、暴力、平和、ＡＩ（人工知能）、身体、地名、津波など、はじめて聞いた言葉はどこにもないはずである。本書は、こうした自分の足元にある言葉から人文学をはじめる。そして、変わり続ける文化と世界のなかで、私たちは文化を学び、世界と繋がるための方法を模索している。もちろん、どんなに変動の激しい文化と世界のなかにも、普遍的な価値があるのではないかという人文学的知性を放棄しているわけではないことも、同時に強調しておきたい。

私たちの人文学が、はっきりとした姿でみえているかどうか甚だ心もとない。しかし、私たちの思いがわずかでも読者に届いたならば、それは多くの方々のお力添えによるところが大きい。そのなかでも、北海学園大学の研究助成（「平成二八・二九年度北海学園学術研究助成（共同研究）」）は本研究に対して惜しみない援助をしてくださった。ここに記して、心より感謝申し上げたい。さらに本書の表紙を飾る美しい写真を提供してくださった北駕文庫（学校法人北海学園）、羊皮紙工房、岡田美智男氏（豊橋技術科学大学情報・知能工学系教授）、本書の作成においてアドバイスをくださったジェレミ・ブシャー氏（北海学園大学人文学部講師）にも多大なる感謝の意を表したい。最後に本書の出版を引き受けてくださった知泉書館の皆さま、とくに小山光夫氏にお礼を申し上げなければならない。知泉書館HPの「ごあいさつ」には、「世界に開かれた教養形成」という言葉が書かれている。微力ながら本書もまた、知泉書館の出版活動の一翼を担うことができるのであれば望外の喜びである。

二〇一七年一〇月

編者を代表して
佐藤 貴史

参考文献

ウィエビオルカ、ミシェル［二〇一五］「「文化」にひそむ危うさ」、『朝日新聞』一三面（二〇一五年四月二五日）。

佐藤貴史［二〇一六］「反省的／再帰的近代化と宗教」、『北海学園大学人文論集』第六〇号。

バウマン、ジグムント［二〇一四］『リキッド・モダニティを読み解く――液状化した現代世界からの四四通の手紙』酒井邦秀（訳）、ちくま学芸文庫。

ベック、ウルリッヒ［一九九七a］「政治の再創造――再帰的近代化理解に向けて」、『再帰的近代化――近現代における政治、伝統、美的原理』ウルリッヒ・ベック／アンソニー・ギデンズ／スコット・ラッシュ（著）、松尾精文・小幡正敏・叶堂隆三（訳）、而立書房。
――［一九九七b］「工業社会の自己解体と自己加害――それは何を意味するのか」、『再帰的近代化――近現代における政治、伝統、美的原理』ウルリッヒ・ベック／アンソニー・ギデンズ／スコット・ラッシュ（著）、松尾精文・小幡正敏・叶堂隆三（訳）、而立書房。

註

（1）http://hgu.jp/guide/jinbun02/　最終閲覧日・二〇一七年一〇月二〇日。

（2）以下の議論は、佐藤［二〇一六］の内容と一部重複している。

第一章　『この世にたやすい仕事はない』
――〈労働者になる〉ための文学的レッスン――

田中　綾

１　文化を学び、社会、そして世界に

(1)　自由に「ふりがな」をふる文化

STEP・１　「私」という漢字に、自由に「ふりがな」をふってみよう。

（　　　　　　　）
私

大学の授業や、高校での出前講義で、右のような課題を出している。「え、『私』のふりがな？　『わたし』か『わたくし』しかないでしょう！」と、受講生はとまどうが、「自由にふり

がなをふる」ということは、じつは日本の文化の一つである。読みにくい漢字や熟語の読みをひらがなで示すのが目的なのではなく、「ふりがな」自体がむしろ〈本文〉で、漢字や熟語はそのあて字であるような表記が、江戸時代の戯作《げさく》（通俗的な読み物の総称）の伝統であったのだ。江戸時代には、寺子屋など私設の教育機関があり、市井の子どもたちもいわゆる〈読み書きそろばん〉を教わる機会があった。そのため、明治初期の識字率は、男性では約五〇%と比較的高く、女性でも約一五%がひらがなを理解することはできたという。

その識字率に支えられ、江戸後期から明治初期に活躍した戯作者（当時の職業作家）は、漢字や熟語に独特なふりがなをふり、読者は、漢字とふりがなの両方の意味合いを見比べ、楽しんでいたのだった。

明治中期に入っても、その伝統は活かされていた。三遊亭円朝の落語を若林玵蔵が速記で活字化した『怪談牡丹灯籠』（一八八四年）を見ると、「執行《いたし》まして」、「商品《しろもの》」、「陳列《ならべ》」、「通行《とほり》」、「通覧《ながめ》」、「必然《さだめし》」、「通例《よく》」、「危険《あぶない》」、「真個《ほんとう》」、「誘《いざ》」、「お饒舌《しゃべり》」、「二価《かけね》」、「白眼《にら》む」をはじめ、じつに多く用例があり、進藤咲子「三遊亭円朝の語彙――『怪談牡丹灯籠』」によると、やはり読者も「漢字と振りがなの合併した表現をおもしろく読ん」でいたという（進藤［一九八二］一二七―一四七）。

日本の近代小説の先駆けと言われる二葉亭四迷の『浮雲』（一八八七―八九年）でも、ふりがなこそがむしろ〈本文〉のような用例が少なくない。

　『浮雲』第一篇
　第一回　アアラ怪しの人の挙動《ふるまい》
　　千早《ちはや》振る神無月《かみなづき》も最早《もはや》跡二日《ふつか》の余波《なごり》となッた二十八日の午後三時ころに（以下略）

第一篇の冒頭部分だが、ここでは、「挙動《ふるまい》」と「余波《なごり》」がその例である。このふりがなの手法は、修辞学的には、意味を倍加させる効果のある方法＝「添義法」と言う。私たちは、ふりがなは難しい漢字や熟語を読みやすくするためのもの、つまり、漢字がメインでふりがなは単に読みの説明と思いがちだが、江戸時代の戯作や明治期の小説ではむしろ逆でもあったのだ。そういった視覚的な〈遊び心〉も、日本の伝統の文化の一つとして把握してもらいたい。

ここまで説明すると、冒頭の「ＳＴＥＰ・１」の（　）で、受講生たちの自由なふりがなが少しずつあらわれてくる――「私《きんだいじん》」「私《おっちょこちょい》」「私《なまけもの》」「私《いまここにいるひと》」「私《ひとり》」などなど。

さて、ウォーミングアップを終えたら、私たちの日常生活におなじみの次のツールをふりがなとして、それにあてはまる漢字・熟語を考えてみよう。

STEP・2　ふりがな「スマホ／スマートフォン」にあてはまる漢字熟語を、自由に考えてみよう。

（　　**スマホ／スマートフォン**　　）

以下は、筆者の担当科目「日本文学特論Ⅱ（旧カリキュラムでは「創作論」）」の二〇一七年受講生が創作したものの一部である。

両手で包める小さな世界《スマートフォン》　電子麻薬散布装置《スマートフォン》　翻訳機《スマートフォン》
高性能遊戯士《スマートフォン》　財布《スマホ》／電話《スマホ》／時計《スマホ》／PC《スマホ》＝万能装置《スマホ》　時間泥棒《スマートフォン》
現実拡張機械《スマホ》　情報満車《スマートフォン》　通話機能付携帯ゲーム機《スマートフォン》　こんな機械《スマホ》
文明の利器《スマホ》　束縛具《スマホ》　多機能目覚し時計《スマホ》　搾取機器《スマホ》
不可手放依存中毒電器《スマートフォン》　思考能力略奪機《スマートフォン》　文鎮《スマホ》　人間衝突原因《スマートフォン》

現在地《スマホ》　おじぎ学習装置《スマートフォン》　空剥奪器《スマートフォン》　睡眠妨害器《スマートフォン》
相　棒《スマートフォン》！　全人類猿化計画実験装置《スマートフォン》　娯楽阻害玩具《スマートフォン》　洗脳装置《スマホ》
便利屋《スマートフォン》　流行探知機《スマートフォン》　話し相手《スマートフォン》　存在証明《スマートフォン》　恋人《スマホ》

「財布」にもなり「目覚まし時計」にもなり、時に「文鎮」にさえなる便利なツールのスマートフォンであり、もはや横になくてはならない「相棒！」でもあるのだろう。さらに、それを超えて「恋人」とした例も率直な分析の一つと思われる。

通学中や食事中でも、画面をうつむきながら見るため、「おじぎ学習装置」といった揶揄も的を射ている。また、戸外でも、ゲームに熱中しているのかせっかくの青空も見上げずにいるので、「空剥奪器」という表現には思わず膝を打ってしまった。

他方、「思考能力略奪機」や「洗脳装置」といった批判的な発想を活字化したものにも着目したい。「全人類猿化計画実験装置」を、日々持ち歩いている私たちが、「略奪」されそうになる「思考能力」をいかに奪い返し、より人間らしく生きてゆくのか——人文学部での学びは、まさに、より人間らしく生きるために、これまでの文化を丁寧に、謙虚に学ぶ姿勢から始まるものである。

（2）社会に必要な存在としての「私《うめくさ》」

さて、「STEP・1」を私（田中綾）自身で試みると、二つのふりがなが思い浮かぶ。一つは、「私《バチガイナヒト》」（場違いな人）。もう一つは、「私《うめくさ》」（埋め草）である。

まず、「私《バチガイナヒト》」というふりがなは、学生という〈異文化〉に接していると強く感じてしまうものである。テレビもなく、基本玄米食で、化学調味料をなるべく遠ざけた食生活を送っている私は昭和初期（私の研究対象でもある）の人間に近しい。スマホを器用に操る平成生まれの学生たちといると、つねに異文化体験をしているようで、本当に場違いなヒトだなあ、と微苦笑してしまう。

もう一つの「私《うめくさ》」については、私の職歴に重なるものなので、少々遠回りになるが記していきたい。

私が文学に関心を抱いたのは、高校二年生のころである。アルバイトの賃金で好きなだけ小説を買い、読み終えたら古書店で売ってはまた好きなだけ買い、読み、売り、濫読にあけくれていた。小説は、未知の世界へ私たちを導いてくれるとともに、さまざまな労働の現場も詳細まで伝えてくれる。将来は、小説家にはなれなくても、「本にかかわる労働者」として経済的・精神的な自立をしたいと願い、大学に進学した。

大学でも相変わらずアルバイトばかりしていたが、図書館にはひんぱんに通い、高価な専門書を眺めては〈自主学習〉を楽しんでいた。就職活動では東京の出版社の門をたたき続けたが、まったくご縁は得られず、見通しの甘さにほとほと呆れてしまったものである。かろうじて地方公務員に採用されたが、「本にかかわる労働者になる」という夢は捨てきれず、二四歳でフリーライターに転じた。そこから、「私」生活が始まったことになる。

「埋め草《うめくさ》」とは、雑誌や新聞などにできたスペースを埋めるための、短いコラムや記事のことをさす。当時はフリーライターでもそれなりの需要があり、取引先（新聞社や放送局、雑誌の編集部）の依頼に応じて原稿を仕上げ、納期（締め切り日）までに納品（入稿）すれば次の依頼につながっていた。「フリー」と聞くと、自分の好きな内容の原稿を書くイメージがあるかもしれないが、あくまで執筆依頼に応じて、無署名原稿をせっせと量産してゆく仕事である。

地道に続けてゆけば、それなりのスキルも身につき、署名入り記事を書く機会にも恵まれてくる。とはいえ、内容はやはり先方の執筆依頼に拠るため、苦手な時代やジャンルにも応じなくてはならない。それでも、未知の分野に接することで知見が拡がり、知的好奇心を刺激されることは愉しみでもあった（ある）。

これまで、新聞の書評欄や、映画雑誌、短歌総合誌等にさまざまな文章を寄せてきたが、ほとんどが「埋め草」であることは自認している。けれども、「埋め草」なくして、その誌面／紙面は成立しないのだ。「埋め草」の存在は、たとえて言うならば、その社会の大切な構成員の一人なのである。

小説でもドラマでも、あるいは教室のなかでも、主役ばかりが登場人物ではない。脇役や裏方や、さまざまな人々がそこに共生することで、社会は成り立っている。私たちが学んでいる人文学は、必ずしも主役級ではなく、「埋め草」的な存在に感じることもあるかもしれない。けれども、人文学なくして社会はあり得ず、学問も人文学なくしては成り立たないだろう。私たちの学びこそが、確実にあなたの長い生涯に、豊かさをもたらすものであることに自覚的であってほしい。長い人生をより豊かに生きる文化を、あなた／私たちは大学で学んでいるのだ。

けれども、一つ足りない部分もある。それは、労働者として生き抜く具体的な力＝サバイバルの知恵である。以下、一人の「文筆《モノ》労働者《書き》」の立場から、文学作品の引用を通して、そのサバイバルの知恵を紹介してみたい。

2　文筆労働者から見る、非正規労働者の現在

（1）約四割に迫る非正規労働者

自称「職業＝文筆労働者《モノ書き》」とはいえ、実際に文筆のみで安定した収入を得ている人々はほんのひと握りである。幸い原稿依頼には恵まれてきた私だが、フリーライターでは月に八万円程度しか収入が得られないため、残りの八万円近くをさまざまなアルバイト・パート収入で何とか補ってきた。馬券の売り子や、電話オペレーター、接客業、小論文の添削指導員、学習教材の編集、生命保険会社の外交員など、単発も含めると書ききれないほどのさまざまな仕事をして、ようやく年収は二百万円ほどになる。現在の教職に就いたのが三八歳なので、約一四年間、ワーキングプア（働く貧困層）とも言える非正規労働者であったのだ。

「アラフォーになるまで年収二百万のワーキングプア！　なんて恵まれない人生」と思われそうだが、さまざまな職種の人々と出会えたことは現在でも大きな財産であり続けており、かけがえのない貴重な経験と感じている。

長々と個人的な事情を記したのは、職業観や価値観は個々人それぞれのものであり、多様な

生き方や異文化を受容できる発想を、大学での学びや読書を通してはぐくんでほしいとも感じるからである。とはいえ、労働者をめぐる環境が、私の若いころとは変化していることを確認する必要があるだろう。

まず、厚生労働省による「平成二五年若年者雇用実態調査」結果の概要を見てみよう。「個人調査　1　現在の就業状況」では、次のようなパーセンテージが示されている。なお、ここで言う「若年者」とは、一五歳から三四歳を指す。

若年労働者のうち在学していない若年労働者の割合は九三・四%となっている。

雇用形態別には、「正社員」が六八・二%、「正社員以外の労働者」が三一・八%となっている。男では「正社員」が七九・六%となっており、年齢階級が上がるほど「正社員」の割合は上昇している。一方、女では「正社員」が五六・〇%となっており、「二〇―二四歳」層の六三・一%をピークに年齢階級が上がるほど「正社員」の割合は低下している。

最終学歴別にみると、学歴が高くなるほど、概ね「正社員」の割合も上昇している。(1)

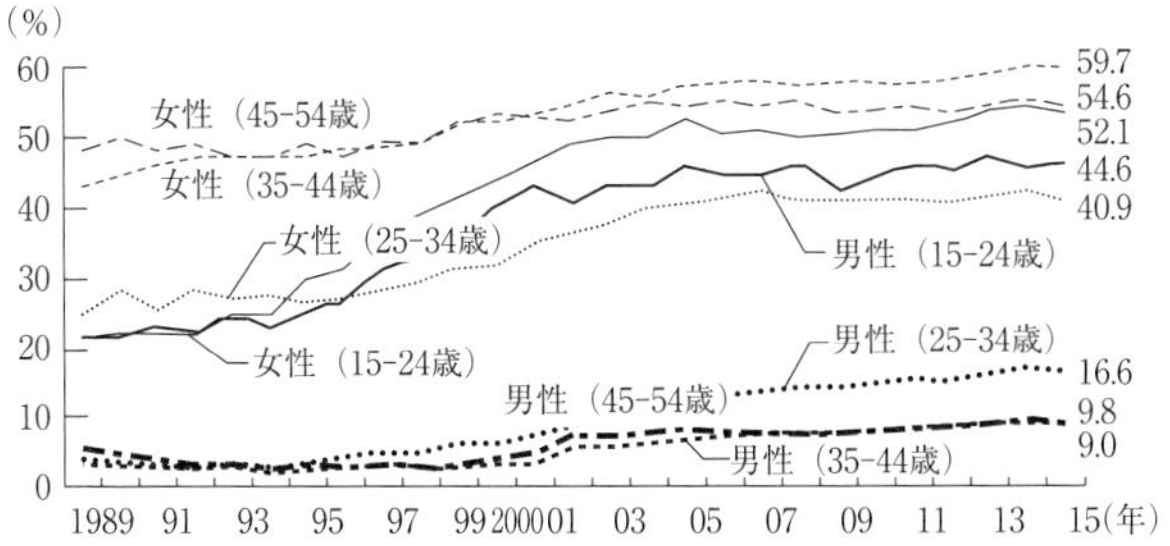

図１　雇用者に占める非正規雇用者の割合の推移[2]

注）1989-2001年は「労働力調査特別調査結果」，2002年以降は「労働力調査詳細集計」の年平均値であり，両者の比較には注意を要する。正規・非正規雇用者の合計に対する「非正規雇用者」の割合を示している。

出所）総務省「労働力調査詳細集計」をもとに筆者作成。

より近年の例では、『北海道新聞』二〇一七年四月二日付紙面に、「非正規増　雇用安定遠く」の見出しの記事がある。二〇一六年の非正規労働者の割合が、全体の約四割にあたる「三七・五％」であること、また、ここ十年の推移を見ると、一千万人も増加し、二〇一六万人にものぼると報じられていた。確かに、図１「雇用者に占める非正規雇用者の割合の推移」を見ると、とくに男性の非正規労働者の割合が増えていることがわかる（図１）。

図２「性別年齢階層別非正規労働者比率の推移」では、より詳しい推移が確認できるが、「━」の一五歳から二四歳の線に着目すると、性別にかかわらず、ほぼ半数が非正規労働者であることがわかる（図２）。女性の非正規労働者の割合は、すでに二〇年前からほぼ三割以上であったこともうかがえるが、

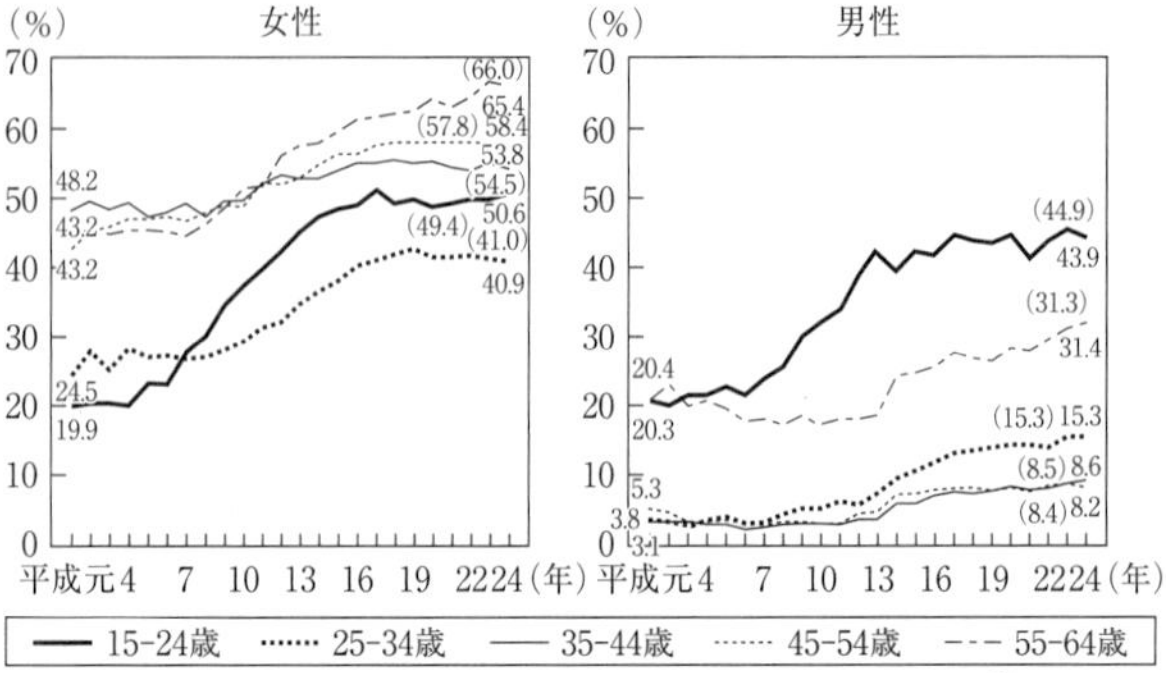

図2　性別年齢階層別非正規労働者比率の推移[3]

注1）総務省「労働力調査（詳細集計）」より。

注2）非正規雇用者の割合＝(非正規の職員・従業員)／(正規の職員・従業員＋非正規の職員・従業員)×100。

注3）平成13年以前は「労働力調査特別調査」の各年2月の数値，平成14年以降は「労働力調査（詳細集計）」の各年平均の数値により作成。「労働力調査特別調査」と「労働力調査（詳細集計）」とでは，調査方法，調査月等が相違することから，時系列比較には注意を要する。

注4）平成23年の〈　〉内の割合は，岩手県，宮城県及び福島県について総務省が補完的に推計した値を用いている。

注5）なお，本書収録にあたり，一部表記を改めた。

出所）http://www.gender.go.jp/about_danjo/whitepaper/h25/zentai/html/zuhyo/zuhyo_img/zuhyo01-02-09.gif

それらの詳しい分析については、ここでは触れられないので、参考文献を読んで各自で考えてもらいたい。また、『ワークルール検定』のテキストを読むなどして、労働基準法はじめ最低限のワークルールを自分のために確認しておくことも、強くすすめたい。

（２）身近な学生アルバイトから考える

統計などを見ていても、みずからの差し迫った問題としては実感しにくいと思われるので、身近な「アルバイト」を話題としてみよう。ここでは、「学生」は大学生に限定させてもらう。「学生」は、大学では学業を修める存在であるけれど、アルバイト先では、労働契約を結び、労働法のルールすべてが適用される〈労働者〉でもある。けれども、コンビニエンスストアや外食産業、個別学習塾などでアルバイトをする学生たちが、労働法のルールなど無視したような過重労働に苦しんでいることが社会問題となり、現在でも依然、解決には至っていない。

学生アルバイトは、とくに一九九〇年以降、第三次産業を支える重要な担い手となっている。マニュアル化された業務内容のため、大学生でも短い研修期間で基本的な内容をマスターでき、逆に言えば、そういったアルバイト労働力なくしてはもはや第三次産業は成り立たないのだろう。

そのようななか、ワークルールに無自覚な学生は過重労働を迫られ、その事態を象徴する「ブラックバイト」という語も登場した。「ブラックバイト」とは、二〇一三年に、中京大学の大内裕和教授が提唱した新語である。もちろん、その前年に、今野晴貴の著書『ブラック企業――日本を食いつぶす妖怪』が刊行されており、それをもとに「ブラックバイト」という新語も登場したのだった。

アルバイトのために大学の授業を欠席したり、疲労のためか学業に集中できず、留年や休学につながるという事態も少なからず見られ、その状況は、教育現場でも等閑視できない問題となっている。二〇一六年には、早稲田大学が学生部学生生活課と協力して『ブラックバイト対処マニュアル』を刊行し、他大学でも参考にしているところである(4)。

では、具体的に、学生たちはどのような業種でアルバイトをしているのだろうか。二〇一五年、厚生労働省が大学生約一〇〇〇人を対象に実施したアルバイトの業種別アンケートによると、「コンビニエンスストア」が一五・五%、「学習塾(個別指導)」が一四・五%、「スーパーマーケット」が一一・四%、「居酒屋」が一一・三%であったという。他方、今野晴貴が共同代表をつとめる「ブラック企業対策プロジェクト」がその前年に実施した、約四七〇〇人による調査では、居酒屋やファストフード店、チェーンのコーヒー店以外の「その他のチェーンの飲食店」が二九・三%と最多であり、ついで「居酒屋」、「学習塾・家庭教師」、「その他小売(パン屋・弁当屋など)」と続き、「コンビニエンスストア」は一五・〇%と、五番目に多い数となっていた(今野［二〇一六］二)。

いずれにせよ、上位にコンビニエンスストア(以下、「コンビニ」の略称を使用する)でのアルバイトがあり、かつ、一九九〇年代から、コンビニが日本の一風景と言えるほど浸透していることは実感するところだろう。

STEP・3　ふりがな「コンビニ」にあてはまる漢字熟語を、自由に考えてみよう。 （　**コンビニ**　）

前章でも触れたが、「日本文学特論Ⅱ」では、二〇一二年から短歌創作を実践しており、数年間「新しい歌語」というテーマで、ふりがな「コンビニ」にあてはまる漢字熟語を考えてもらい、それを取り入れた短歌の創作も課した。以下は、後述するが、北海学園大学経済学部川村雅則ゼミナールによる『学生アルバイト白書2015』(http://www.econ.hokkai-s-u.ac.jp/~masanori/15.12labour)に収録されたものの一部でもある。[5] すると、まさにコンビニでアルバイトをしている学生がその現場を短歌にしていたので、いくつか引いてみたい。

同級生再会場《コンビニ》でこちらにニヤニヤあの店員お前ここでバイトしてたのか　K・T

お客様良い人いれば逆もいる。上から目線が蔓延る無法地帯《コンビニ》　M・Y
日本之闇《コンビニ》でちょびっとほぼ無償奉仕《バイト》した時にゃ義務もないのにノルマ《おでん》買わされ　K・S
「無愛想。」周りはみんなそう言うが「俺がいなきゃ…」と日本人生命線《コンビニ》店員　T・H
社畜製造工場《コンビニ》で働く二部の学生よ単位を投げて体に鞭打ち　T・K

一首目の「同級生再会場」は、偶然にも、なつかしい同級生がアルバイトをしているコンビニに立ち寄ったというものだろう。旧友との「再会」であればまだ良いが、長時間の立ち読み客やクレーマー、また、万引き客もいることから、二首目のように「無法地帯」という四字熟語をあてたものもあった。

三首目は、「ブラックバイト」そのものの歌である。サービス残業のほか、「ノルマ」のように商品を自腹買い取りさせられる「日本之闇」に疑問を持ち、作者は試用期間中に退職を願い出たと聞く。けれども、学費をみずからのアルバイトでまかなう学生としては、「日本之闇」にうすうす勘付きながらも、我慢して働き続ける例も少なくない。「俺がいなきゃ…」という責任感も生まれ、コンビニそのものを「日本人生命線」＝ライフラインとしてとらえる発想も生まれるが、同時に「社畜製造工場」という発想にもいたっているのだった。

3 「学生アルバイト短歌」

(1) 労働の現場を短歌形式に言語化

前章では実際にコンビニでアルバイトをする／した学生の短歌を挙げたが、現在の学生たちは、さまざまなアルバイトですでに〈労働者〉の現場に立っている。

前述の川村雅則ゼミでは、二〇一一年度から『学生アルバイト白書』を毎年発行しており、近年では他大学の学生にもアンケートを行い、より具体的なアルバイトの実態を塑像している。筆者も、二〇一五年度の授業からはアルバイトの業種と、「現在」の体験か「過去」の体験かを具体的に記述してもらっており、『学生アルバイト白書2016』に、それらアルバイト短歌も掲載され、全文インターネット公開もされているので、関心のある方はご覧いただきたい(6)。では、近年のアルバイト短歌を引用してみよう(7)。

除夜の鐘今年も君とともに聞くコンビニのはし落書きの顔　T・S〔コンビニ／現在〕
給油するお出かけ前のお客さん俺も一緒に乗せていってくれ!!

テスト前の塾生殺す気かよ塾長インフルエンザ感染者に出勤強要《パンデミックも辞さない姿勢》

Y・K〔ガソリンスタンド／現在〕

K・R〔塾講師／過去〕

マネキンはしょせんマネキンにこにことビールかけられブラが透けても

O・H〔派遣（試食マネキン）／現在〕

一番の敵は同僚正社員　理不尽クレームよりも許せぬ。

G・N〔職種未記入／現在〕

のこされたシャリとわたしかえりたい魚といっしょに海にかえりたい

I・S〔お寿司屋店員／現在〕

その人の朝が始まる一瞬を僕が担おう良い挨拶で

K・R〔スポーツクラブ・フロント／現在〕

「汚しちゃった、ごめん」の言葉で救われるお客さん《あなた》の笑顔プライスレス

S・M〔ラーメン店／現在〕

一首目、年末年始のコンビニやスーパーのレジなどは、ベテランのパートが休みをとることが多く、実質、学生アルバイトで回していると聞く。二首目のガソリンスタンドは、タイヤ交

換などの繁忙期にはトイレ休憩さえままならないそうで、「俺も一緒に乗せていってくれ!!」という叫びにはリアリティがある。個別指導などの塾講師は、教職を目指す学生にとっては経験値を増やせる場ではあるが、塾長から他の教室のヘルプを乞われ、体調がすぐれないときでも突然出勤を「強要」されて戸惑うことがあるそうだ（今野［二〇一六］二六―四〇）。

短期アルバイトのため、派遣会社に登録する学生もいるが、四首目のようなスーパー等での試食サービスで、客の理不尽な扱いに遭う場合もある。けれども五首目、客ではなく「正社員」から理不尽な対応を受けることとは、たとえ作者の主観が入っているとはいえ、今後の社会人生活にも影を落とすものとなるだろう。

この短歌創作の授業では、あくまで「アルバイト体験」を作品化するのであって、「ブラックバイト」ばかりが歌われているわけではない。たとえば六首目は、「かえりたい」がリフレインされた印象的な短歌だが、外食産業で食材の廃棄現場を目の当たりにし、社会構造への問題意識を抱いたという例である。七、八首目は、働き甲斐を感じた瞬間が前向きに表現されており、読む側も、おのずと励まされる。

(2)「連勤」「休憩時間」は〝新しい歌語〟?

さて、先に紹介した『ブラックバイト対処マニュアル』の「ブラックバイト・チェックシート」には、八項目が記されている。その二つ目の項目は、「労働時間に関するトラブル」である(石田・竹内監修〔二〇一六〕一六―二〇)「希望していた日・時間を無視したシフトを組まれる」「労働時間が決められているにもかかわらず、定時になっても帰れない」――同書ではこの二点について、労働契約違反や「36協定」などの説明がわかりやすく解説されているが、実際にそういう「トラブル」に学生たちが巻き込まれている事実を、短歌で確認してみよう。

あらかじめ週三希望伝えても気づいたときには五連勤、だな
T・F〔ラーメン屋/現在〕

どうしてだ? 契約週六だったのに数えてみれば連勤八日目
T・S〔アパレル/過去〕

休みの日確認したら電話が来 明日来れる? はい四連勤
S・H〔飲食店/現在〕

春休み長期休暇遊べない休みをください 二十連勤 I・S〔営業(書籍販売)/過去〕

年の瀬に何を思っていたのやら食パン在庫に山のよう店長年越しパン、何斤?
ちなみに俺は六連勤。
M・T〔コンビニ/過去〕

シフトは、二週間前から一カ月前に組まれることが多いようだが、他のアルバイトやパートの病欠、また繁忙期などでは、希望通りの日数が揺らぐことがあるのだ。「明日来れる？」という店長からの電話に、上下関係ゆえ、反射的に「はい」と応じる学生の心理も想像できるところである。五首目は極端な字余りの歌だが、店長が疲労のあまり発注しすぎたパン「何斤」と、店長及び自身の「軟禁（なんきん）」とを掛け、「六連勤」の辛さを強調したものという。「五連勤」「連勤八日」「四連勤」「二十連勤」「六連勤」――連勤（レンキン）という発音は、軽快な印象を与える撥音（ん）を含んだ日本語であるが、語感だけは良いこれら四文字は、「ブラックバイト」を象徴する新しい歌語として登場しているのである。

「ブラックバイト・チェックシート」の三つ目の項目は、「休憩・休暇に関するトラブル」である（石田・竹内監修［二〇一六］二一―二五）。「店が忙しくて休憩が取れない」「有給休暇を申請したが、『アルバイトにはない』と言われた」。

ではまず、「休憩」に関する労働基準法の条文を確認しておこう。

（休憩）**第三四条**　使用者は、労働時間が六時間を超える場合においては少くとも四五分、八時間を超える場合においては少くとも一時間の休憩時間を労働時間の途中に与えなければばならない。

2　前項の休憩時間は、一斉に与えなければならない。ただし、当該事業場に、労働者の過半数で組織する労働組合がある場合においてはその労働組合、労働者の過半数で組織する労働組合がない場合においては労働者の過半数を代表する者との書面による協定があるときは、この限りでない。

3　使用者は、第一項の休憩時間を自由に利用させなければならない。

労働基準法は、アルバイトやパートなど非正規労働者にも適用される法律であり、同法第三九条では、六カ月間継続勤務し、すべての労働日の八割以上を出勤した労働者には「有給休暇」の権利が認められている。しかしながら、学生たちはその条文を知らずにいる。「え？休憩なんてもらっていません」、「バイトでも有給休暇《ゆうきゅう》とれるんですか？　店長や先輩から教わっていません」という声もあがり、ワークルールを知らないまま、貴重な労働力・担い手として働き続けていることがうかがえる。

「休憩時間」という概念そのもの、また、その休憩時間は、本来「自由に利用」できるものであるということを、二つ目の新しい歌語として提示しておきたい。

一時間？　数えてみたら十時間私の休憩誰が食べたの
Y・S〔派遣／現在〕

接客で笑顔ふりまき顔ケイレン休憩なしのノンストップ《八時間》
M・S〔ラーメン屋／過去〕

休憩は書面で存在してるけど本当は全然もらっていない
K・Y〔ホテルの客室清掃員／現在〕

一時間《ギリギリ》の休憩時間は昼の時間家に帰って家族とご飯
N・A〔スーパーマーケット（レジ）／現在〕

休憩はありがたいけど　けど、でもね　早くわが家に帰りたい……
T・R〔接客業（カラオケ）／現在〕

使用者は、「八時間を超える場合においては少くとも一時間の休憩時間」を与えなければならないはずだが、一首目ではその休憩時間がバクか何かに「食べ」られてしまったようで、「十時間」という長時間労働になってしまっている。二首目は、おそらく少人数で調理から接客までをこなすため、店の責任者自身も「ノンストップ」で働き続けているのではないだろうか。三首目は、「書面」で労働条件を明示しているものの、その契約が必ずしも守られていないことを伝えている。

四首目では、「一時間」の休憩時間はきちんと与えられており、自宅に近い店舗なのだろう、「家族」との食事の時間を持つことができている。先に引いた労働基準法第三四条「3」に書かれているように、本来、休憩時間は自由に利用できるものであり、外出してこのように自宅で食事をしてもかまわないのである。五首目も、休憩時間は与えられているが、カラオケ店は時間帯によって客足が途絶えることもあり、そういう場合には、店舗に拘束されず「わが家」でゆっくり心身を休ませたいとも感じているようだ。

「休憩時間」という概念を新しい歌語として提示したが、先に挙げた「コンビニ」の現場では、慢性的な人手不足のため、物理的に休憩時間がとれないという悩みがあるそうだ。

次の一首は、自分のシフトが終わっても次の人員がいないため、休憩もとれず、物理的に超過勤務になってしまうという悲鳴である。

労働《リレー》終え次の走者《シフト》へバトンパスされどもいない、次のランナー

Y・K〔コンビニ／現在・過去〕

直接「休憩」の語は使われていないが、次のシフトの「ランナー」＝バイト店員がいないた

めに、「バトン」を手渡すことができないのだ。「労働」のふりがなとして「リレー」を用いた発想が巧みだが、次の走者にきちんと「バトンパス」ができる労働環境を整える努力をしてほしい、と声を上げる勇気も必要と思われる。

4　「労働基準法」を短歌形式で言語化

(1)　労働基準法第二条　労働条件の決定

前述の授業で、二〇一六年度から、労働基準法の条文を短歌形式に「翻訳」するという試みを続けている。これまで、ワークルールの説明も加えながら、「第二条（労働条件の決定）」、「第五条（強制労働の禁止）」、「第十五条（労働条件の明示）」、「第三四条（休憩）」の短歌化に取り組んできた。条文を、日常語を活かして言語化することで、ワークルールを意識してほしいからである。ここでは、「第二条」と「第十五条」の翻訳短歌を列挙してみたい。

（労働条件の決定）**第二条**　労働条件は、労働者と使用者が、対等の立場において決定すべきものである。

2　労働者及び使用者は、労働協約、就業規則及び労働契約を遵守し、誠実に各々その義務を履行しなければならない。

対等だ　そううたわれているのだが…　現実世界はそうはいかない　S・R

対等の立場だなんて知らなかった雇って頂いてると思ってた　I・H

店長よ　あなたと私　差はあるが、立場は対等　人間だもの　K・T

ブラックにだけは避けたい就活で就業規則聞くに聞けず　N・A

就業規則入る前だと全てが見えず「みんなでまもろうかいしゃのきまり」　U・A

面接で言ったが最後「いつでも出ます」店長こわくて断りきれず　M・M

人は言う「体が資本」と他人が言うだから会社は詰め替《わたし》えを望む　M・Y

労働者を「会社の家畜」というのなら雇う者もまた人でなし　Y・T

使用者の手に握られし首掻き刀　私の盾は脆く儚く　S・R

歯車が己が規則《ルール》も知らぬまま軋む機構に幸《さき》はあるのか　M・Y

「対等の立場だなんて知らなかった雇って頂いてると思ってた」は、おそらく大部分の学生の率直な感想ではないだろうか。私自身も少なくとも二十代は〈雇って頂いてる〉という意識が強く、面接時に「就業規則」について尋ねるという発想すら欠けていたことを率直に反省している。

（2）労働基準法第十五条　労働条件の明示

（労働条件の明示）第十五条　使用者は、労働契約の締結に際し、労働者に対して賃金、労働時間その他の労働条件を明示しなければならない。この場合において、賃金及び労働時間に関する事項その他の厚生労働省令で定める事項については、厚生労働省令で定める方法により明示しなければならない。

2　前項の規定によって明示された労働条件が事実と相違する場合においては、労働者は、即時に労働契約を解除することができる。

3　（略）

店の長《おさ》なら紙の一枚くれたっていいじゃないのいざ明示せよ　K・M

とりあえずここにサインよろしくね　ちょっと待ってまだ読んでるじゃん　S・K

「聞いてません。」「書面読んだの？」「読んでません。」（そういや書面、もらってねぇや…）　U・T

給与出た明細くださいえっないの？　ネットで見るのね最初に言って　F・S

十三時契約書には書いてたがあれは嘘だ十一時から　M・T

契約書？　そんなのあったかとふと思うそうして過ぎた、はや三年　S・M

電車代自腹で通うバイト先タウンワークに交通費あり　T・K

やくそくと違いますので帰りますあなたの金で帰りますので　H・Y

「このバイトもうやめます」と伝えても「君がいなくちゃ……」こういうときだけ　S・M

「やれるよね？」冷たい笑顔断れず会社《あなた》にとっちゃ俺は社畜《ペット》か　O・S

ウソをつけ！　休みを寄こせ！　給料も！　募集要項全部嘘かよ……　H・K

オイオイオイサービス残業ムリムリムリこんなところヤメテヤラァ　F・T

始業や終業の時間、休憩時間、賃金の計算方法や支払い方法など、重要な労働条件は「書面」で明示するという条文である。この課題はあくまで「条文を短歌形式に『翻訳』」することであり、歌われた内容は実際の学生アルバイトの現場のものではない。

けれども、書面を「もらってねぇや」と思い出し、給与明細は「ネットで見る」ことに気付き、求人広告には「交通費」支給とあったが、現実には支給されていない例など、思い当たるふしがあったのだろう。

今日の若年層は、正規雇用／非正規雇用にかかわらず、また性別にもかかわらず、おそらく生涯、何らかの労働者として生活してゆくはずである。だからこそ、みずから〈労働者になる〉という意識を持つことが大切なものと思われる。その一歩として、難しい法律の条文を自分たちの日常の話し言葉で五七五七七に「翻訳」し、「要約」して意識化することから始めてはどうだろうか。

5 「プレカリアート文学」

（1）二〇〇〇年以降の小説に登場する、非正規労働者像と、「自己責任」論
短歌の創作とともに、「非正規労働者」が登場する現代の小説、マンガ、アニメ等の調査も学生とともに取り組んでいる。そうすると、やはり、二〇〇〇年以降の小説等に描かれた主要

登場人物に、非正規労働者で、かつ若年層の人物が少なくないことがわかった。いくつか、学生による調査そのものを引用してみたい。

・宮下隆二〔二〇一四年〕『地球先生』（小学館文庫）。
〔登場人物の氏名と雇用形態〕＝古沢憲司　二十代　派遣会社に登録し日雇いや週雇いの仕事をこなす。
「この現場では、一週間ごとに人が替わる。ひどいときには数日だ。複数の派遣会社が関わっているのだが、そいつらは員数合わせのために人をかき集めて、使えないヤツは容赦なく切るのだ。（略）みんな目先のカネが欲しくて、その先のことは考えられない。ここをクビになれば、ほかに行くところなどない。仲間同士の連帯なんぞ、どこにもありはしないのだ」（一七―一八）
「実際、派遣の仕事は、そう長く続けるものではない。どんなにまじめに取り組み、日々の目標をクリアして実績をあげたとしても、派遣はしょせん派遣なのである。景気が悪くなれば、個々の能力や熱意とは関係なく、コストダウンのために真っ先に切られるのだ」（二〇一

・絲山秋子［二〇〇九年］勤労感謝の日」『沖で待つ』所収（文春文庫）。
〔登場人物の氏名と雇用形態〕＝鳥飼恭子　三六歳　求職中（雇用保険受給中）
「職安のあの、マイナスのパワーに満ちた空気はなんなんだろう。（略）有名な話だがアウシュビッツの門には『労働は人を自由にする』と掲げられていた。私は渋谷で01―01XXX―06という番号をつけられ『正当な理由のない自己都合退職者』と選別されている。（略）私は恥に小突き回されながら、週に一度悪夢のような渋谷へ通っているのだ。もちろん、派遣に登録すれば働ける道は早く開けるが、せめて失業保険の出る間、私はまだ就職を夢見ている」（二六―二八）
・石田衣良［二〇一〇年］『非正規レジスタンス　池袋ウエストトゲートパークⅧ』（文春文庫）。
〔登場人物の氏名と雇用形態〕＝おれ（真島誠）　家業の果物店手伝いだが、派遣会社に潜入する。
「おれたちの生きてるこの国では、二十四歳以下の若いやつらの半分が透明人間だって、あんたはしってるかい？（略）
やつらがもってるもので、もっとも高価なのは携帯電話である。（略）試しに、やつらがどこかの工場で作業中に大怪我でもしたとしよう。企業も派遣会社も責任逃れで、たいていは知らん顔だ。部品がひとつ壊れたくらいなんだというのだ。非正規のワンコールワーカーには、労災なんて適用されないし、ほとんどのやつらは健康保険にも厚生年金にも加入できずにいる。ただ泣き寝入りだ」（一八八―一八九）

・松岡圭祐［二〇〇五年］『ミッキーマウスの憂鬱』、（新潮文庫、二〇〇八）。
〔登場人物の氏名と雇用形態〕＝後藤大輔　二一歳　派遣（準社員）
「後藤はむっとした。こちらも全力で働いたのだ、ねぎらいの言葉がひとつくらいあってもよさそうなものだ。実際に汗だくになって労働に身を捧げているのは準社員たちだというのに、社員は図面を片手に命令を発するばかりで、お山の大将を気どっている」（七〇）

・桐野夏生［二〇〇五年］「植林」（『アンボス・ムンドス』）（文春文庫、二〇〇八）。
〔登場人物の氏名と雇用形態〕＝宮本真希　二四歳　化粧品店アルバイト
「時給は八百五十円で実働七時間、昼休みはたったの三十分。昼休みは時給も支払われない。週に五日出勤しても給料は十二万程度。これじゃ金なんか貯まる訳がない。鬱屈だけが見事に層を成して蓄積されていく。搾取される鬱屈、仕事が面白くない鬱屈、美しい仲間に対する劣等感という名の鬱屈、そして、男に無視され蔑まれる鬱屈」（一六）

一九八六年に施行された「労働者派遣法」だが、一九九九年に派遣対象業種が拡大し、原則自由化となった。それを受けて「派遣社員」が増えたわけだが、いくら能力があっても「コストダウンのために真っ先に切られる」存在でもある。もちろん、派遣会社に登録さえすれば「働ける道は早く開ける」。けれども、「健康保険にも厚生年金にも加入でき」ない若い人々も存在し、派遣社員や「準社員」と、正社員との間の意識の差や、分断は歴然としてある。いつかは正社員に、という希望のもと必死に働いても、賃金や待遇の低さのために「鬱屈」が内面化され、どこまでも落ち込んでしまう負のスパイラル――いずれの小説も、取材に基づいたリアリティに満ちた描写と言えるだろう。

２で引用したが、二〇一六年の非正規労働者の割合が、全体の「約四割」であり、ここ十年で「一千万人も増加」したことを踏まえると、小説の登場人物にもその現実が反映されるのは自然なものかもしれない。また、読者も不安定な雇用の登場人物にみずからを重ね、明日を生き抜く力としているのかもしれない。

『国文学解釈と鑑賞』（ぎょうせい）で、特集「プロレタリア文学とプレカリアート文学のあいだ」が組まれたのは、二〇一〇年四月号であった。それを振り返ると、二〇〇〇年代からまさに非正規労働者の存在が文学的な課題でもあったことがうかがえる。『すばる』（集英社）二〇〇七年七月号でも「特集・プロレタリア文学の逆襲」が組まれたが、「プレカリアート」の問題には「自己責任（論）」がつねにセットになっている点を、より重視しなくてはならない。

「プレカリアート」とは、「『不安定な』（プレカリオ）と『労働者階級』（プロレタリアート）を組み合わせた造語で、イタリアの路上の落書きとして発見された」言葉という（宇都宮［二〇一〇］一二）。具体的には、アルバイト・パート、派遣労働者、契約社員などの非正規労働者、さらに求職中の人々もそこに含まれる。2章に示した二つの図表の通り、年々その人数は増え、それにともなって小説やマンガ、アニメでも、非正規労働者の登場人物が可視化されてきた。

その先駆けの小説として話題を集めたのが、桐野夏生の『ＯＵＴ』（一九九七年）である。弁当工場パートの女性四人が、ある事件をきっかけに平凡な日常から離れていくさまを描いた長編小説で、テレビドラマ化や映画化、舞台化もされている。

また、男性の非正規労働者の姿が改めて可視化されてきたことにも着目したい。たとえば、映画化もされ、日本国外でも上映されたものの一つに、吉田修一の『悪人』がある。朝日新聞に連載されたのち、二〇〇七年に単行本化されたが、登場人物は、「歩合制の給料で働く保険の外交員、土木作業員、風俗嬢、塾講師、無職の若者、紳士服量販店の販売員、年金暮らしの老人」（浅見［二〇一〇］一六三）など、ほとんどが「プレカリアート」と言うべき不安定な雇用の立場であった。

その主要な作中人物である土木作業員の清水祐一は、自身が不安定な雇用の立場にあることを自覚していた。「仕事はきついが、晴れたら働き、雨が降れば休みというこの不安定さが、自分には合っていると祐一は思う」という一文があるが（上巻、六二）、「不安定さが、自分には合っている」という発想を、読み落としてはならない。これについての浅見和重の、「非正規労働者への自己責任論が祐一の内面を浸食してしまっているのだと考えるべきであろう」（浅見［二〇一〇］一六三）という分析は、的を射たものと思われる。

「自己責任（論）」は、増え続ける非正規労働者の存在を考えるときに重要な言葉の一つである。

二〇〇六年に行われた「プレカリアート・デモ」の呼びかけ文が、次のような内容であったことも確認しておきたい――「不安定さを強いる社会を転換させよう。生きることがこれほどにも大変なのは、言われるほど自分のせいではない。おかしいのは仕事も住居も、からだもこころも、日々の暮らしのすべてを不安定さに晒すこの社会だ」(雨宮［二〇〇七］二〇七)。

この呼びかけ文が、「現代の〈貧困〉でとくに問題視されている『自己責任』論を覆すこと」(飯田［二〇〇九］二五六)を目的としたものであった、という飯田祐子の解説には説得力がある。「自己責任」論は、多方面で問題とされていながら、自身が「プレカリアート」の立場にあることは、自分自身の能力によるものであるという発想から抜け出すことのできない人々が、小説でもさまざまに描かれている。「自己責任」論が内面化されているため、そのように思い込んだ人々が社会から分断され、その分断が、また小説の一つのテーマにもなっているのである。

(2) 描かれた「店長」「正社員」像——構造の問題

では、「自己責任」ではなく、これは社会の構造の問題なのだ、という発想への転換をうながすような小説はないだろうか。近年の小説を探すうちにいくつかを見出すことができた。

村田紗耶香の第一五五回芥川龍之介賞受賞作『コンビニ人間』(単行本もあるが、ここでは『文藝春秋』二〇一六年九月号から引用する)には、タイトル通りコンビニでの労働現場が詳細に描かれている。一人称「私」の語り手は、古倉恵子という三六歳のアルバイト店員だが、とりわけ、「店長」の立場についての言及に着目したい。

夜勤が足りないせいでこのところ店長は夜勤にまわっており、昼の間は私と同世代のパートの女性の泉さんが社員のようになって、店をまわしている（四〇九）。

店長は30歳の男性で、常にきびきびとしている。口は悪いが働き者の、この店では8人目の店長だ。

2人目の店長はサボり癖があり、4人目の店長は真面目で掃除好きで、6人目の店長は癖のある人で嫌われ、夕勤が全員一気に辞めるというトラブルになった（四二六）。

店長は寝不足なのか、顔色が悪い。

私は店のコンピューターを操作し、発注を始めた。

「夜勤はどうですか？　人、集まりそうですか？」

「いやー、駄目だねー。一人面接来たけど、落としちゃったよ（略）」（四四五）。

全国展開のコンビニの店長には異動もあり、長時間営業の場であるため、夜勤などアルバイトを補充できない場合はみずから出勤しているという。シフト事情や、慢性的な人手不足のため、店長ですら超過勤務を余儀なくされているという現実が描写されているのだ。

いわゆる「名ばかり」店長の存在は、アルバイトの学生たちも目の当たりにしている。先に引いた学生たちの短歌から、もう少しだけ引用したい。

名ばかりの責任者だねいつも思うあなたの本性みんな知ってる　S・T〔喫茶店／現在〕

ファッションビルにある喫茶店で、店長は同ビル内の二店舗を掛け持ちしており、ほかは長時間アルバイト数人でまわしているそうだ。「あなたの本性」が「名ばかりの責任者」であることを、バイト仲間も当然知っているのだ。

社員さん早く帰ってあなた昨日二十二時半退勤《遅番出勤》今日は七時《朝一》　T・T〔中古屋／現在〕

厚生労働省は現在、勤務の間を「九時間以上十一時間未満」または「十一時間以上」確保できるような「勤務間インターバル制度」の導入を進めてはいるが、アルバイトの学生が「社員さん」の超過勤務を案ずるという、この奇妙な連帯感は、「自己責任」論を超える一つの原動力になり得るものではないだろうか。

「こういう働き方、社会って、おかしいのでは？」――そのような疑問符を、二〇〇〇年代の小説や文学作品が提示しはじめていることに敏感でありたい。非正規労働者のみならず、正規労働者や管理監督者さえ「自己責任」論にとらわれてしまうような社会構造から、少しだけ発想の軸を変えてみる――最後に、そのような小説に触れ、まとめとしていこう。

6 〈兼業作家〉を経た、専業作家・津村記久子

(1) 他者とかかわり、労働する自分に自信を持つ

津村記久子は、一九七八年、大阪府生まれの作家である。二〇〇九年に『ポトスライムの舟』で第一四〇回芥川龍之介賞を受賞し、織田作之助賞や川端康成文学賞ほか数多くの受賞歴があるが、小説家デビュー後も約十年間会社員を続けた〈兼業作家〉でもあった。

『ポトスライムの舟』の作中主体である「ナガセ（長瀬由紀子）」は、二九歳の女性である。大学卒業後に正職員として勤めていたが、上司からハラスメントを受け、退職を余儀なくされる。職場や労働自体への恐怖から、長い脱力の日々を過ごしていたが、現在は、人間関係が良好な化粧品工場で、パート労働から契約社員に昇格したばかりである。とはいえ収入はパート時代に準ずる程度で、学生時代の友人が経営するカフェでアルバイトもし、休日にはパソコン講師やデータ入力も請け負っている。年収は、一六三万円。余裕のない経済状況ながら、母と暮らす古い自宅の改修のためにこつこつと貯金をしているのだった。

そんなある日、世界一周のクルージングのポスターを見て、ナガセの意識が変わる。「一六三万円」――自分の年収が、世界一周旅行の金額だったのだ。このナガセの現状はまさに「プレカリアート」であり、長時間働いても十分な収入を得られないワーキングプアの女性という位置づけとも重なる。「現代女性文学の最先端は今やワーキングプア問題であり、作家たちは自身の労働体験を踏まえつつ、格差や雇用不安が生み出す問題を凝視している」（北田［二〇〇九］一六）という見解もあり、津村作品を多く論じている矢澤美佐紀も、『ポトスライムの舟』の世界観を、「ロストジェネレーションのしたたかな抵抗」（矢澤［二〇一六］三六―四七）ととらえたうえで、ナガセが日常「百均」のコップを用い、クローゼットには「ユニクロ」の特価で買ったTシャツがあることに着目している。「かつての『貧困』を扱った角田光代の〈フリーター文学〉における衣食住のイメージは『無印良品』や『コンビニ商品』だったが、ここでは完全に『ダイソー』になっている。純文学の世界も価格破壊である」〔矢澤［二〇一六］三二〕。

確かに、全国展開する百円ショップはコンビニエンスストアとともにもはや日常の風景の一つである。けれども、ワーキングプアであるから百円ショップの利用が多い、という図式的な判断は、むしろ津村作品の読みを狭めてしまうようにも思われる。

ナガセは、自分の年収を世界一周旅行に〈換金〉することもできる、という事実を発見したその日から、世界を周る夢とともに、節約を重ねる。けれども貯金通帳の金額は、カフェ店主の友人や、子連れで家出をしてきた友人、就活せずに結婚を選んだ専業主婦の友人、同じ工場で懸命に働く女性ら、周囲の人間との交際のため、徐々に目減りしてゆく。他方、ナガセの労働への恐怖や脱力は、彼女たちとのかかわりのなかでゆるやかに回復してゆき、精神的にも経済的にも相互扶助のような関係で満たされ、あたたかなラストシーンに至るのである。

タイトルの「ポトスライム」は、安価で手のかからない観葉植物の一種であり、切った若い茎をコップの水に差しておくと、どんどん繁殖していく。値段は安いながらも生命力に満ちたポトスライム。ナガセが、友人たちやその子ども、職場へとポトスライムを手渡してゆくさまは、ゆるやかな信頼関係の象徴であろう。

短編「十二月の窓辺」(『ポトスライムの舟』所収)では、上司から理不尽なハラスメントを受け、心にダメージを受けた女性職員の姿が描かれており、それは津村自身の体験でもあったようだ。編集者・深澤真紀との対談で、当時を回想し「ワンフロアの職場に響き渡るような声でめっちゃくちゃ怒られて、はぁ……ってなってコピー取りなんかで席を離れたら、年下の先輩に『がんばれっ♡』みたいな軽い感じで肩叩かれて。(略)そういう人らから話を聞くと、もう『自分が悪い』としか思えなくなって追い込まれる」(津村・深澤[二〇一七]二三―二四)とも語っており、感情に左右されがちな上司の敵意をかわすよりも、「自分が悪い」のではないか、という「自己責任」論に浸食されていた内面が、はからずも吐露されていたのだった。

そのうえで『ポトスライムの舟』を再読すると、雇用不安やワーキングプアが前面に出された小説ではなく、他者とのかかわりのなかで働く自分に自信を持ち、「自己責任」論から解き放たれる過程が描かれた作品であったことがうかがえる。

（２）「自己責任」論からの解放――労働者同士の連帯の可能性

その津村記久子の新刊『この世にたやすい仕事はない』は、これまで以上に着地のしっかりした作品である。作中主体の「私」は、三六歳の女性。前の職場を「燃え尽き症候群のような状態」（津村［二〇一五］一一）で辞し、実家で静養したのち、職業紹介所で期限付きの仕事を紹介してもらっている。前節でも触れたが、正職員を辞し、癒えがたいトラウマを抱えながら次の仕事を探すという設定は、津村作品の通奏低音でもある。

「私」は、相談員の初老の女性から非正規雇用の仕事をあっせんしてもらうのだが、小説とはいえ、まことに奇妙な仕事ばかりなのが読みどころでもある。

全五話のうち、「第一話」は、密輸品の〈何か〉を預かっていると思われる作家の、自宅を監視する仕事。「第二話」は、地方の循環バスで流すアナウンス原稿を作成する仕事。「第三話」は、創業四〇年の米菓製造業者で、「おかき」のパッケージの文案を作成する仕事で、これは上司からも評価され、少し自信を見出すことになる。けれどもおっくうな人間関係から逃れるかのように、あえて「私」は契約更新をしないのだった。それに続く「第四話」は、店や民家を訪ねて、ポスターの貼り換えをするという外回りの仕事である。楽な作業であったが、そのポスターがねずみ講まがいの会のものであり、仕事自体が突然なくなってしまった。

最終話にあたる「第五話」は、それまでの奇妙な仕事と人間関係を通して、以前のダメージから回復してきた様子が描かれている。広大な森林公園の、奥のさらに奥の小さな小屋で、展示会の入場券にミシン目を入れたり、迷子案内をしたり、迷子を増やさないように地図を作成するなどの仕事である。人気のない小屋であるが、ちょっとした変化が続き、「私」は不審に思う。そんななか、数カ月行方不明で捜索願が出されている男性が、大森林のなかで発見された。医療ソーシャルワーカーとして働いていたその男性は、「私」と同年齢であり、仕事や人間関係とのバランスが崩れ、そこに逃避してしまったという。

その男性との遭遇ののち、「私」の心にゆるやかに変化が訪れる。じつは「私」も、かつては病院や施設の医療ソーシャルワーカーとして働いていたのだった。働き甲斐もあり、苦痛ばかりだけでなく喜びも得られていたのだが、感情労働でもあり、「燃え尽き症候群のような状態」となり、精神的・身体的な休息が必要だったのである。「私」はふと、「自分が大学卒業以来十数年続けた、最初の職種に戻る時が来たような感じ」（津村［二〇一五］三三七）になり、これまでの五つの非正規労働で得られたあたたかな人間関係や、少しずつ、かつ着実に増えていったスキルを思い起こし、働く人間としての自信を取り戻す。そして、医療ソーシャルワーカーとして新たな思いで就職することをにおわせ、結末となる。

この小説は、二〇一七年にはＮＨＫ・ＢＳプレミアムで八回の連続ドラマとして放映されたが、そのキャッチコピー「自分の仕事が、もっと愛せるようになる〝お仕事ファンタジードラマ〟」は、津村作品の本質を言い当てているように思われる。(8)「自分の仕事」を「愛せるように」なり、労働者である自分自身をもっと「愛せるようになる」ために、正規／非正規を問わずさまざまな他者と邂逅し、幾層もの人間関係を織りなしながら、小さくとも自信を持って働き続けるということである。

『この世にたやすい仕事はない』、このタイトルには率直に肯うほかはないけれども、他者との「分断」を容赦なく迫る「自己責任」論から一歩踏み出し、労働者同士が語り合い、認め合うことで解き放ってくれるような力が、津村作品からは見出せる。労働者同士の連帯と言うとおおげさだが、そのような可能性と、そこから社会の構造を少しでも変えてゆけるような希望が感じられるのである。

STEP・4　再び、「私」という漢字に、自由に「ふりがな」をふってみよう。

（　　　　　　　　）
私

最後に、再び、「私」という漢字に自由に「ふりがな」をふってもらいたい。身近な「スマホ」やアルバイトの体験を言語化したうえで、非正規／正規労働者を描いた作品に触れたあと、「私」の内面にどのような変化があっただろうか。

「私」を内省し、自己凝視したのちに、現時点での自分なりの思いを言語化することは、今後〈労働者〉として生き抜くうえでの知恵でもある。その日の気分や時間帯によって、「私」の発想はつねに移ろいゆくものであり、ふりがなは、決して一つに固定されることはない。大学での学びの一つは、「私」に、より多くのふりがなをみずからふってゆき、視野を拡げ、多文化共生社会を前向きに生き抜く力をやしなうことでもあるだろう。

参考文献

浅見和重［二〇一〇］「『悪人』たちのいる場所――吉田修一の地方への視線」、『国文学解釈と鑑賞』、至文堂（編）、ぎょうせい、二〇一〇年四月号。

雨宮処凛［二〇〇七］『生きさせろ！　難民化する若者たち』太田出版。

飯田祐子［二〇〇九］「〈貧困〉におけるアイデンティティ――角田光代『エコノミカル・パレス』、佐藤友哉『灰色のダイエットコカコーラ』を通して考える」、『日本近代文学』（日本近代文学会）、第八一集。

石田衣良［二〇一〇］『非正規レジスタンス　池袋ウエストゲートパークⅧ』文春文庫。

石田眞・竹内寿（監修）［二〇一六］『ブラックバイト対処マニュアル』早稲田大学出版部。

石田眞・道幸哲也・浜村彰・國武英夫（編）［二〇一五］『ワークルール検定　初級テキスト』旬報社。

絲山秋子［二〇〇九］「勤労感謝の日」、『沖で待つ』文春文庫。

井沼淳一郎・川村雅則・笹山尚人・首藤広道・角谷信一・中嶌聡［二〇一四］『ブラック企業に負けない！　学校で労働法・労働組合を学ぶ』きょういくネット。

宇都宮健児［二〇一〇］「現代のプレカリアートは何を語るか」、『国文学解釈と鑑賞』至文堂（編）、ぎょうせい、二〇一〇年四月号。

進藤咲子［一九八二］「三遊亭円朝の語彙――『怪談牡丹灯籠』」、講座日本語の語彙・第六巻『近代の語彙』明治書院。

北田幸恵［二〇〇九］「ロスジェネ雨宮処凛と津村記久子に見る『プレカリアート』と『ジェンダー』」、『社会文学』（日本社会文学会）、第三〇号。

桐野夏生［一九九九］『ＯＵＴ』講談社。

――［二〇〇五］『アンボス・ムンドス――ふたつの世界』文春文庫、二〇〇八。

小杉礼子・宮本みち子（編）［二〇一五］『下層化する女性たち　労働と家庭からの排除と貧困』勁草書房。

今野晴貴［二〇一二］『ブラック企業――日本を食いつぶす妖怪』文春新書。

――［二〇一六］『ブラックバイト――学生が危ない』岩波新書。

津村記久子［二〇一一］『ポトスライムの舟』講談社文庫。

――［二〇一五］『この世にたやすい仕事はない』日本経済新聞出版社。

津村記久子・深澤真紀［二〇一七］『ダメをみがく〝女子〟の呪いを解く方法』集英社文庫。

松岡圭祐［二〇〇五］『ミッキーマウスの憂鬱』新潮文庫、二〇〇八。

松本伊智朗・湯澤直美・平湯真人・山野良一・中嶋哲彦（編）［二〇一六］『子どもの貧困ハンドブック』かもがわ出版。

宮下隆二［二〇一四］『地球先生』小学館文庫。

村田紗耶香［二〇一六］『コンビニ人間』、『文藝春秋』文藝春秋、二〇一六年九月号。

矢澤美佐紀［二〇一六］『女性文学の現在――貧困・労働・格差』菁柿堂。

吉田修一［二〇〇七］『悪人』朝日文庫、上下　二〇〇九（朝日新聞社）。

註

（1）http://www.mhlw.go.jp/toukei/list/dl/4-21c-jyakunenkoyou-h25_06.pdf　最終閲覧日・二〇一七年九月十一日。
（2）出典は、松本伊智朗・湯澤直美・平湯真人・山野良一・中嶋哲彦（編著）［二〇一六］四四。
（3）出典は、小杉礼子・宮本みち子（編著）［二〇一五］五五。
（4）当の学生自身も「ブラックバイト」からみずからを守るため、二〇一三年には東京で「首都圏学生ユニオン」が結成され、北海道でも「札幌学生ユニオン」が二〇一四年に結成された。しかしながら、大学生人口は全体の若年層のなかでは約六割に過ぎず（地域にもよるが）、働く若年層が個人でも加盟できる「青年ユニオン」との連携がより現実的な一歩を踏み出す足掛かりとなるだろう。北海道では二〇一六年に結成した「さっぽろ青年ユニオン」が、不払い残業代や不当解雇などの問題の解決に具体的に取り組んでいる。

（５）　なお、以下の引用歌の多くが、二〇一八年三月刊行予定の『日本現代詩歌研究』（日本現代詩歌文学館）第一三号に掲載される拙稿「学生アルバイト短歌――『連勤』『休憩時間』という〈新しい歌語〉」と重複していることをあらかじめお断りしておく。

（６）　川村雅則ゼミナール『北海学園大学学生アルバイト白書２０１６』http://www.econ.hokkai-s-u.ac.jp/~masanori/16.12labour
同『北海学園大学学生アルバイト白書２０１４』http://www.econ.hokkai-s-u.ac.jp/~masanori/14.12labour
同『北海学園大学学生アルバイト白書２０１３』http://www.econ.hokkai-s-u.ac.jp/~masanori/13.12labour
同『北海学園大学学生アルバイト白書２０１２』http://www.econ.hokkai-s-u.ac.jp/~masanori/12.10labour04
同『北海学園大学学生アルバイト白書２０１１』http://www.econ.hokkai-s-u.ac.jp/~masanori/11.12labour

（７）　なお、これらの短歌の一部は、『学生アルバイト白書２０１６』とともに、北海道文化放送の「みんなのテレビ」特集「ニッポンの働き方改革」（二〇一七年一月二五日放送）で紹介された。

（８）　http://www.nhk.or.jp/dsp/tayasui/　最終閲覧日・二〇一七年九月十一日。

第二章　悪を旅する
――ハンナ・アーレントのアイヒマン論と良心の問題――

佐藤　貴史

1　ダークな思想文化を学ぶ

異文化交流、異文化体験――未知の文化を学ぶことは、直接的であっても間接的であっても、実に楽しいことのように思える。もちろん、自分の知らないものに触れるときは、一定の緊張が存在するものだが、ある段階を超えると、自分を囲んでいた壁が崩れるかのように、新しい景色が目の前に広がるだろう。

しかし、あえて問いたい――文化を学ぶとはつねに明るいことなのだろうか。人間の文化のなかには「楽しい」だけではすまない、居心地の悪さも潜んでいるのではないだろうか。明るく楽しい文化ではなく、ダークで陰鬱《いんうつ》な文化も存在するはずである。

あなたは、どれくらいの頻度で旅行に行くだろうか。一年に一回、三カ月に一回、人によって回数はそれぞれだろうが、旅行とは未知の文化を学ぶことと繋がっており、両者は切っても切れない関係にある。なぜなら、いつもの環境にいることは、すべて既知の状態のなかで生きているだけであり、新しいものが到来しない限り、あるいは誰かが新しいものを用意してくれない限り、こちら側から新しい環境に飛び込まないと、未知の文化など学べないからである。その意味では、旅行もまた視野を広げるという根本的に新しい経験をもたらしてくれるだろう。

しかし、あえて問いたい——旅行とはつねに明るい活動なのだろうか。文化と同様に、明るく楽しい場所を訪れる旅行ではなく、ダークで陰鬱な場所を訪れる旅行も存在するはずである。

本章では、文化、そのなかでも哲学や宗教の領域である〈思想文化〉に焦点を絞る。近年、マルガレーテ・フォン・トロッタ監督による映画でも脚光を浴びた二〇世紀のユダヤ人思想家ハンナ・アーレント（一九〇六—七五）のテクストを読むことで、人は文化を学び、世界と繋がることができるのではないか。ただし本章におけるテクスト読解の旅は、悪の問題に関わるダークな旅になるだろう。その意味では、本章はダークツーリズムの一環として思想文化を学ぶ旅に出ることになる。

本題に入る前に問うておきたい——なぜ文化なのか。文化とは人間活動の集積であり、人類の歴史であり、未来の世界を形成するための土台である。そうであるならば、文化を学ぶことで、人は過去の世界、現在の世界、そして未来の世界と繋がることができるだろう。しかし、文化はきわめて多様であり、安易な把握を許さないような側面をそなえている。人はどこに文化研究の拠り所を求めるべきだろうか。つまり、どのように文化を学ぶのか。伝統的に思想（史）研究は、ある思想家のテクストに照準を定めながら、そのなかに〈ある時代〉の〈ある文化〉を理解するための手がかりを探ってきた。もちろん文化を学ぶための方法は複数ある。本章ではテクストの読解を通じて思想文化を学び、結果的に多様な世界と繋がることを目指すことにしよう。

以下、２節ではダークツーリズムの概念を確認したうえで、それを思想文化の学びに接続する。３節では、本章での考察対象であるハンナ・アーレントの生涯について概観する。４節と５節ではアーレントの著作『エルサレムのアイヒマン』を中心に、彼女が悪、世界、思考についてどのような思索を紡いだかを明らかにする。そして最終的に６節において、悪を旅することの意味について考えてみたい。

2　ダークツーリズムとしての思想文化

（1）三つのダークツーリズム

「ダークツーリズム」という言葉を知っているだろうか。井出明は端的に「戦争や災害の跡などの、人類の悲しみの記憶をめぐる旅」（井出［二〇一四］二一六）と定義している。目的はさまざまではあるものの、「あえて悲しみをめぐる旅」（井出［二〇一四］二一七）は、いま大いに注目されているといってもよいだろう。

遠藤英樹は、ダークツーリズムを三つに分類している。第一に「人為的にもたらされた〝死や苦しみ〟と結びついた場所へのツアー」、第二に「自然によってもたらされた〝死や苦しみ〟と結びついた場所へのツアー」、第三に「人為的なものと自然の複合的な組み合わせによってもたらされた〝死と苦しみ〟と結びついた場所へのツアー」である（遠藤［二〇一六］三）。

第一の「人為的にもたらされた〝死や苦しみ〟と結びついた場所へのツアー」は、「戦争、テロ、社会的差別、政治的弾圧、公害、事故など人為的にもたらされる〝死や苦しみ〟と結びついた場所を訪問する行為」（遠藤［二〇一六］八）である。遠藤は、例として原爆ドーム、アウシュヴィッツ＝ビルケナウ強制収容所、ベトナムのホーチメン市から広がるクチ・トンネル、ニューヨークのグランド・ゼロ、チェルノブイリ原発、ハンセン氏病の療養所、公害にまつわる場所などをあげている。

第二の「自然によってもたらされた〝死や苦しみ〟と結びついた場所へのツアー」は、井出の四つの分類（「地震災害」「津波災害」「火山災害」「台風」）にしたがいながら考察されている（遠藤［二〇一六］九―一〇）。

第三の「人為的なものと自然の複合的な組み合わせによってもたらされた〝死と苦しみ〟と結びついた場所へのツアー」では、東日本大震災が例としてあげられている。すなわち、もとは自然災害として起きたものだが、それに伴って発生した津波によって東京電力福島第一原子力発電所が大量に放射能を漏洩させる事故を起こしたことは記憶に新しいだろう。これは、「人為的なものと自然の複合的な組み合わせ」によって起きた事故として理解することができるはずである（遠藤［二〇一六］一一）。

（2）福島の観光地化？

本章のテーマとも深く関わる第一のダークツーリズムに関する仕事として、ここでは東浩紀の『チェルノブイリ・ダークツーリズム・ガイド』を参考にしよう。一九八六年四月二六日、ソ連（現在のウクライナ）にあるチェルノブイリ原発四号炉で炉心溶融、いわゆるメルトダウンが起こり爆発、大量の放射性物質が大気中にばらまかれた。それによって多くの人々が避難を余儀なくされたのであった。

この事故に関する本はたくさんあるので、より詳しい内容を知りたい方はそちらを参考にしてほしい。ここで重要なのは、東がチェルノブイリの事故をダークツーリズムの観点から論じていることである。事故のあともチェルノブイリの生活は続いているわけだが、東にとっての驚きは「原発とその周辺地域が、外国人を含めた観光客を積極的に受け入れ始めていること」（東（編）［二〇一三a］五）であった。〈原発事故と観光〉とは一見奇妙な組み合わせであるが、そこには「現実の複雑さ」「善悪では割り切れない人間のしたたかさ」「未来への「希望」」があると、東は書いている（東（編）［二〇一三a］九）。事故に関してはさまざまな立場があると思うが、東によれば取材に応じてくれた人々はみな口を揃えて、「チェルノブイリの記憶の風化を語り、観光客だろうがなんだろうが、人々がチェルノブイリに関心をもってくれるのであればそれはいいことだと答えていたこと」（東（編）［二〇一三a］六）が心に残っているという。

東の問題意識はチェルノブイリに向けられているように思えるが、実はその背後では日本の福島の原発事故の問題と通底している。事故現場への観光客の受け入れについては、ウクライナと日本の政治的風土や文化的背景も考慮しなければならないが、東の活動はチェルノブイリの事故から何を学べるかという真摯な問いによって貫かれている。すなわち、「……たとえ福島でその選択がなされなかったとしても、チェルノブイリの実態の報告は、一〇年後、二〇年後の福島第一原発周辺地域の復興を構想するうえで、また事故の記憶の次世代への継承を考えるうえで、日本の読者にも大きなヒントを与えてくれるはずです」（東（編）［二〇一三a］五）。「チェルノブイリの観光地化に福島の未来を見る」（東（編）［二〇一三a］五）と書かれているように、その後、東は『福島第一原発観光地化計画』という本を出版し、さらにその議論を発展させ『観光客の哲学』としてまとめている。ただ『観光客の哲学』にあるように、東の計画は思わぬ批判も呼び起こしたようである。

東によれば、批判のほとんどは内容に関するものではなく「観光地化」という言葉に対する反発であり、中傷のようなものであったという。そのなかでも唯一批判に値するものとして、開沼博の名前があげられている。ここでは二人の主張のどちらに妥当性があるのか、あるいは正しいのかなどについては考えない。なぜなら、今後の議論で必要なのは東の問題意識だからである。(1)

東にとって開沼の主張は、「福島イコール原発事故のイメージを強化する試みはやめろ」（東［二〇一七］五三）というものである。原発事故以前から、そして以後も福島で生活をしている人々が存在する。彼らの日常感覚を無視して、「観光地化」といい出すことにいかなる意味があるのか。東もまた、開沼の意見に同意する。福島を原発のイメージだけで語るのは、端的に暴力である。ただ東は福島の日常をいくら語っても、それが果たして福島の外に生きる人々の耳に届いているのか、「啓蒙が万能ではないからこそ」（東［二〇一七］五四）、彼は観光地化を提案したのであり、その背景を無視できないのではないかと問うている。

ここで東は、原作と二次創作の関係にしたがって福島について議論している。サブカルチャーの領域において、ある時代からマンガやアニメに登場する一部のキャラクターや設定を取り出して、「原作」から離れたかたちで自分好みの物語を作成する「二次創作」が見られるようになった。当初、原作者はこの二次創作に怒りを覚えていたらしいが、いまでは両者の関係はきわめて密接なものとなっているのが現実である。

実は福島にも同じような構造が見える。すなわち、「福島が原発事故のイメージで塗りこめられてしまうとは、……福島のイメージが、もともとの現実（原作）を離れて、事故の印象を中心に「二次創作」されてしまうことを意味する」（東［二〇一七］五四）。福島の二次創作である「フクシマ化」によって、「原発事故以前の福島」（原作）は忘れ去られ、原発事故後のフクシマ（二次創作）が多くの人々の記憶に残ってしまうだろう。

（3）イメージを通って現実へ

東は、このような事実を前にして二つの態度を提案している。第一に、「フクシマの虚構性」（東［二〇一七］五五）に抗うことである。彼はチェルノブイリを訪れるツアーを企画しており、そこでの参加者が抱くのは「チェルノブイリが想像していたよりもはるかに「ふつう」だった」という感想」（東［二〇一七］五五）である。放射能で汚染された非日常（二次創作）があると考えていた参加者は、それとは無関係な日常があることに驚くのである。この意味では、東と開沼は「福島イコール原発事故のイメージを強化する試みはやめろ」という点で一致している。

第二に、東はさらに複雑な戦略が必要だという。残念ながら、二次創作としてのフクシマのイメージを世界から消すことは不可能である。そうであるならば、この状況を逆手にとって、すなわち「「事故現場を見てみたい」「廃墟を見てみたい」といった感情を逆手にとって福島の魅力を世界に発信する」（東［二〇一七］五六）という戦略である。

この第二の戦略こそ、本章の課題と結びついてくる。もう少し、東の議論を追いかけてみよう。「原作を大切にしてもらうためには、いちど二次創作を通らなければならない」（東［二〇一七］五六）と東はいう。チェルノブイリを例にとるならば、ツアーの参加者は「ふつうではない」という二次創作のイメージでチェルノブイリを訪ねるわけだが、一度「ふつうではない」と思わなければ、参加者はその地にわざわざ足を踏み入れることはなかっただろう。しかし、そこを訪れた者が抱く感想はまさに「ふつう」なのである。そして、その感情がさらに事故以外の背景情報に関心を向かわせるのである。

ひとは、自分が「ふつうではない」と思いこんでいた場所に赴き、そこが「ふつう」であることを知ってはじめて、「ふつうではない」ことがたまたまそこで起きたという「運命」の重みを受け取ることができる。「ふつうであること」と「ふつうではないこと」のその往復運動こそが、ダークツーリズムの要である（東［二〇一七］五七）。

実はこれから考えていくアーレントのアイヒマン裁判の事例も類似した構造になっている。当時、ユダヤ人の大量虐殺に深く加担したナチ官僚アドルフ・アイヒマンは極悪非道の人間だと思われていた。しかし、裁判官の前に連れ出されてきたのは冷血で恐ろしい悪人などではなく、凡庸な小役人だった。想像を絶するナチスの悪を前にして、人々はアイヒマンをいつのまにか巨大な悪と思い込み（二次創作）、現実の彼（原作）を見ていなかったのである。まさに「ふつうではない」と思い込んでいた人間や思想に接しようと思ってアーレントの本を読むと、凡庸なまでに「ふつう」の人間や思想しかそこには存在せず、読者はふつうの人間と彼の非情な行動のあいだにある奇妙な関係に直面するのである。この事実を東であれば「二運命」の重み」と呼ぶだろうか。アイヒマンのなかには「ふつうであること」と「ふつうではないこと」が同居しているのである。

本章では、このようなダークツーリズムの考え方を念頭におきながら、思想文化を学んでみたい。あえて悪を旅することで、人はいかなる風景を見るのだろうか。本章が訪れるダークな地は、アーレントの著作『エルサレムのアイヒマン』である。

３　ハンナ・アーレントの生涯

（１）ドイツ・ユダヤ人という運命

二〇世紀は「戦争と革命の世紀」と形容されるほど、激動的な出来事に満ちた時代であった。

同時に、こうした時代が要求するかのようにすぐれた思想家もたくさん輩出された。アーレントも、二〇世紀を代表する思想家の一人であり、彼女の思想は出来事とともに形成されていったといっても過言ではない。本章では、アーレントのアイヒマン論を扱うが、その前に彼女がいかなる生涯を送った思想家であったかを簡単に確認しておこう。

一九〇六年一〇月一四日、ハンナ・アーレントはハノーファー郊外のリンデンで、父パウルと母マルタの子として生まれた(2)。世俗的なユダヤ人の家庭であり、経済的にも中産階級に属していたようである。一九〇九年、父の病気により、家族はケーニヒスベルクに移り住んだ。一九一三年、父が亡くなり、その翌年の一九一四年には第一次世界大戦が勃発した。一九一七年にはロシアで革命が起こり、まさに「戦争と革命の世紀」が彼女の周りではじまっていたのである。

一九二四年から一九二八年にかけて、アーレントはマールブルク、フライブルク、ハイデルベルクの各大学で哲学や神学を学び、彼女の思想に大きな影響を与える教師と出会っている。そのなかでもとくに彼女にとって重要だったのがマルティン・ハイデガーである。現象学の創始者エドムント・フッサールのもとで学びながら、師とは方向をともにすることなく、のちに『存在と時間』(一九二七)を著したハイデガーは学生たちのあいだでも有名な存在だったようである。多くの優秀な学生たちがハイデガーの周りに集まっていた。アーレントもそのなかの一人であったが、一九二五年、ハイデガーとアーレント、師と弟子の関係は普通の関係ではなかった。アーレント宛のハイデガーの手紙は、彼女に対する並々ならぬ愛の告白でうまっている。やがてはナチスの哲学者とも呼ばれるハイデガーがユダヤ人女性と恋に落ちるわけだが、ここには単なるエピソードでは片づけられない、複雑な物語が秘められている。しかし、ここではこれ以上の詮索はやめることにしよう。一九二六年、二人の関係も終わりを迎えることになった。

このあいだに、もう一人、アーレントにとって重要な師となる哲学者がいた。カール・ヤスパースである。ハイデガーの盟友でもあったヤスパースを訪ねて、一九二六年夏、アーレントはハイデルベルクに移った。一九二八年、ヤスパースの指導のもと、彼女は博士論文『アウグスティヌスの愛の概念』を完成させ、博士号を取得した。

アーレントの学問的キャリアは二人の偉大な哲学者のもとで花開いていくが、これと並行して彼女はみずからのユダヤ・アイデンティティにも深く関わるシオニズム（ヘルツルによって唱えられたユダヤ人国家の創設運動）に手を伸ばしていたようである。このころ、シオニストであったクルト・ブルーメンフェルトと出会っている。

一九二九年、アーレントはギュンター・シュテルンと結婚した（一九三七年に離婚、一九四〇年にはハインリッヒ・ブリュッヒャーと再婚する）。ますますシオニズム運動にのめり込んでいったようだが、ユダヤ人にとってドイツは困難な場所に変わりつつあった。一九三三年一月三〇日、ヒトラーが政権を掌握し、二月二七日には国会議事堂放火事件が起こった。ドイツにいられなくなったアーレントは、母とともにパリに逃れた。パスポートはもっていなかったという。途中、再婚相手のブリュッヒャーと出会い、一時期ギュルス収容所にも収容されたが、結果的にアーレントたちは、一九四一年五月二二日、無事にニューヨークに着き、ナチスから逃れることができたのであった。こうして彼女の活躍の舞台はドイツからアメリカに移ったが、彼女の思想形成にとってドイツ・ユダヤ人としての過酷な経験は最後まで大きな影響を及ぼしていたと思われる。それゆえ、アメリカ時代のアーレントの足跡を追う前に、彼女自身によるドイツ時代の回想やユダヤ性に関する自己意識について少し確認しておこう。

（2）奈落の底が開くとき

一九六四年一〇月二八日、アーレントはジャーナリストであるギュンター・ガウスと対話を行い、そのなかでドイツ時代について語っている。若いころには政治にも歴史にも関心がなかったアーレントが、のちにその無関心を放棄するきっかけになった出来事として一九三三年二月二七日の国会議事堂放火事件と、その夜の不当逮捕をあげている。いや、そもそも彼女がいっているように、「一九三三年には政治に無関心でいることはもはや不可能でした。すでにそれ以前から可能ではなくなっていたのです」（アーレント［二〇〇二］（一九六五）六）。

もともとアーレント自身は、自分がユダヤ人であるということをほとんど意識していなかったらしい。ガウスに対して彼女はこう答えている。「……幼い頃「ユダヤ人」という言葉を耳にしたことはありませんでした。はじめてその言葉と出会ったのは、道端で子供たちから反ユダヤ主義的なことをいわれたときでした」（アーレント［二〇〇二］（一九六五）一〇）。

子供時代のアーレントはまったくといってよいほどユダヤ人としての自己意識がなかったようだが、すでに述べたようにシオニズム運動などに関わるなど、徐々にユダヤ人としての自己意識に目覚めていったと考えられる。その過程で、一九三三年のヒトラーの出来事が重要な役割を果たすわけだが、彼女にとってそれ以上に大きな出来事があった。すなわち、「アウシュヴィッツのことを知った日」（アーレント［二〇〇二］（一九六五）二〇）である。彼女は一九四三年にアウシュヴィッツの事実を知ることとなったが、当初は信じられなかったようである。それを知った時の経験を、「あたかも奈落の底が開いたような経験」（アーレントかった決定的な出来事だったと判断できるだろう。続けて、彼女はこういっている。

それまでは、政治であれば実際にいつかは償われうるし、他のことでも必ず何らかのかたちで償いが可能だっただろう、と考えていました。しかし、これは違いました。これはけっして起こってはならないことだったのです。犠牲者の数のことをいっているのではありません。死体の製造やその他のことを申し上げているのです。でも、これ以上深入りする必要はないでしょう。このようなことはけっして起こってはならなかったのです。そこで起こったことは、私たちの誰であっても、もはや折り合いをつけることができないものだったのです（アーレント［二〇〇二］（一九六五）二〇—二一）。

けっして起こってはならなかったにもかかわらず、起こってしまった出来事こそ、アウシュヴィッツであった。いまでこそ、ダークツーリズムの訪問地としてアウシュヴィッツ強制収容所は重要な場所になっているが、アーレントにとってそれを知ることは折り合いのつけることのできない、「あたかも奈落の底が開いたような経験」だったのである。当時は厳しい状況にあったことを率直に認めながらも、アーレントは少しであれば楽しいことはあったと回想している。しかし、アウシュヴィッツはまったく違うのだと念を押している。「他のすべてのことは個人的に解決することもできましたが、それは違いました」（アーレント［二〇〇二］（一九六五）二一）。

こうしたアーレントの経験を理解することは困難かもしれないが、異文化を学ぶとはまさに異なる経験にどのように接近するかという問題をつねにはらんでいるのである。また、ダークツーリズムの一環として思想文化を学ぶ本章では、こうしたアーレントの言葉や経験は重要な視点を提示しているともいえるだろう。

（3）称賛と誹謗のなかで

アメリカに渡ったアーレントは、ユダヤ人組織で活動しながら、独自の思想を紡いでいった。一九五一年、アメリカの市民権を取得した年に、彼女は『全体主義の起源』を出版している。一九五八年に『人間の条件』と『ラーエル・ファルンハーゲン』、一九六一年に『過去と未来の間』、一九六三年に『エルサレムのアイヒマン』と『革命について』を出版しており、一〇年ちょっとのあいだにきわめて重要な著作が矢継ぎ早に登場したと考えられる。

アーレントの作品は刺激的な内容で、いまでも多くの人々に影響を与え続けているが、大きな批判を招いたことも否定できない。とくに一九六一年からイスラエルで行われていたアイヒマン裁判を傍聴した記録を『ザ・ニューヨーカー』に連載し、それをまとめて出版した『エルサレムのアイヒマン』によって、彼女はユダヤ人からも厳しい批判を受けることになり、激しい論争を巻き起こし、結果的に彼女は多くの友人を失うことになった。

4節以降で論じることになるが、先ほども引用したガウスとの対話において、ガウスがアーレントに向かって次のように問いかけている。

ユダヤ人側の感情を何よりも害したのは、あなたが扱ったこういう問題です。つまり、ドイツ人による大量虐殺に消極的な態度で耐えたことがどの程度までユダヤ人の罪であったのか、あるいは、特定のユダヤ人長老評議会のナチへの協力がどの程度まである種の共犯関係と呼ぶべきものになっていたのか。そうしたことをあなたが問いかけたからです。……さまざまな問いが生じてきたように思われます。このことに関してまずお伺いしたいのですが、「この書にはユダヤ民族への愛が欠けている」という非難を耳にして心が痛みますか（アーレント［二〇〇二］（一九六五）二一三）。

かなり率直な問いかけであり、事実ユダヤ系の友人たちはアーレントには「愛が欠けている」と感じたようである。このような批判に対する応答については、４節以降で論じることにしよう。ここでは彼女の著作が一筋縄ではいかず、多くの批判も受け入れる複雑な構成になっていることがわかるだけで十分である。

一九六四年、ベトナム戦争が勃発し、アメリカ社会はさまざまな方面から揺さぶられていた。そのなかでもアーレントは一九六八年に『暗い時代の人々』、一九七二年に『共和国の危機』などを出版し、またシカゴ大学やニューヨークのニュースクール・フォァ・ソーシャルリサーチの教壇に立つなど活発な学問活動をくり広げ、多くのシンポジウムなどにも招かれている。

一九七五年一二月四日、アーレントは帰らぬ人となる。彼女の友人ハンス・ヨナスは葬儀で「あなたの温かみがなくなって世界が冷たくなった」と語ったという（矢野［二〇〇二］二二六）。ユダヤ人として生まれたアーレントの生涯は、二〇世紀の激動の出来事と密接な関係にある。「思考そのものは生きた経験の出来事から生じるのであり、また、思考が位置を確かめる際の唯一の道標となるこうした出来事に結びついていなければならない」（アーレント［一九九四］一六）。生きた経験であることと、ダークな経験であることは矛盾しない。称賛も誹謗も含んだアーレントの思想を理解するために、そして思想文化を学び、世界と繋がるために、次に彼女のアイヒマン論のなかに分け入ってみることにしよう。

4　思考を停止すること——アイヒマンの行為

（1）良心による殺人？

地上からユダヤ人を絶滅させることを狙った「ユダヤ人問題の最終的解決」に深く関わった元ナチ官僚アドルフ・アイヒマンは、一九六〇年五月一一日、潜伏先のアルゼンチンでイスラエル諜報機関に捕らえられ、二一日イスラエルに拉致された。一九六一年四月一一日、いわゆるアイヒマン裁判がはじまった。アーレントは裁判を傍聴し、雑誌『ザ・ニューヨーカー』で連載記事を書いた。一九六三年に彼女は、その内容を『エルサレムのアイヒマン——悪の陳腐さについての報告』（一九六四年には改訂増補版を出している）としてまとめ出版したが、その書物をめぐって激しい議論が巻き起こったのである。

副題にある「悪の陳腐さ」(3)（Banality of Evil）という言葉が多くの人々を刺激したことは、とくに指摘されている事実である。この言葉によって、アーレントはほとんど誤解とも呼べる論争に巻き込まれていった。ヴィラが簡潔に指摘しているように、『エルサレムのアイヒマン』

におけるアーレントのテーゼは人類における大犯罪者アイヒマンが「政治的過激派集団の一員ではなく、むしろ普通の人間であったということ、その人間は、たんに自分の家族を養うためであったとしても、自分の行動を最も凶悪な行為にさえ進んで順応させた、ということである」（ヴィラ［二〇〇四］六二―六三）。普通の人間が想像できないような大犯罪に加担していく状況を、アーレントは人間の良心の問題として論じたが、そこにはきわめて逆説的な事態が起きていたのだと報告されている。

通常、犯罪者はみずからが法を破っていることを認識したうえで犯罪を実行していると考えられるはずである。事実、この裁判に関わった人々は「被告はすべての〈正常な人間〉と同じく自分の行為の犯罪的性格に気づいていたという仮定に基づいていた」（アーレント［二〇一七］三七）。しかし、アーレントによれば、「彼〔アイヒマン〕のすることはすべて、彼自身の判断し得るかぎりでは、法を守る市民として行っていることだった」（アーレント［二〇一七］一八九）。アイヒマンは、警察でも法廷でもくり返し述べていたのである。「彼は自分の義務を行った。命令に従っただけではなく、法律にも従ったのだ」（アーレント［二〇一七］一八九）と。

また、アイヒマンは裁判のなかでイマヌエル・カントの定言命法をおおよそ正しい仕方で引用し、周囲を驚かせた。すなわち、「私がカントについて言ったことは、私の意志の原理はつねに普遍的な法の原理となり得るようなものでなければならないということです」（アーレント［二〇一七］一九〇）。しかし、「国家によって犯罪が合法化されていた時代」（アーレント［二〇一七］一九二）にあって、彼はカントの定言命法を読み曲げていたのである。「人間は法に従うだけではあってはならず、単なる服従の義務を越えて自分の背後にある原理――法がそこから生じてくる源泉――と同一化しなければならないという要求」（アーレント［二〇一七］一九二）に、彼は身をゆだねていた。まさに「法がそこから生じてくる源泉」こそ、「総統《フューラー》の意志」であった。

アーレントの分析にしたがえば、「国家によって犯罪が合法化されていた時代」において、「ヒトラーの国の法律は良心の声がすべての人間に「汝殺すべし」と語りかけることを要求した」（アーレント［二〇一七］二〇九）のである。殺人を犯すことこそ、法に適った行為であり、その法の源泉は「総統《フューラー》の意志」であった。法律によって良心の声は「汝殺すべし」と語りかけてくる。良心において合法性と道徳性が一致していた以上、アイヒマンに良心が欠けていたと考えることはできなくなる。きわめて逆説的な言い方になるが、アイヒマンは法や道徳を破って犯罪を遂行していたのではなかった。そうではなく、彼は良心によって殺人を犯していたのであり、法を守る市民としてユダヤ人問題の最終的解決を遂行していたのである。良心は機能していた。しかし、それは通常の仮定とはまったく違う仕方で機能していたのである。

ドイツ人やナチの多くの者は、おそらくその圧倒的大多数は、殺したくない、盗みたくない、自分たちの隣人を死におもむかせたくない……、そしてそこから自分の利益を得ることによってこれらすべての犯罪の共犯者になりたくない、という誘惑を感じたに相違ない。しかし、ああ、彼らはいかにして誘惑に抵抗するかということを学んでいたのである（アーレント［二〇一七］二〇九―二一〇）。

悪には人間を誘惑する特性がある。しかし、良心が殺人を要求している世界においては、殺したくないという誘惑に抵抗することこそ、「法を遵守する市民の義務」（『エルサレムのアイヒマン』第八章のタイトル）であった。その意味では、アイヒマンは善と悪が転倒した世界に生きていたのであり、だからこそ彼の行為は、その世界にいる限りは良心に適ったものとして判断されたのである。

（2）内なる対話

アイヒマンは良心を欠いており、法を破ってユダヤ人を殺害した極悪人ではなかった。この主張だけでも、多くのユダヤ人がアーレントに対して厳しい非難を向けてきた理由になるかもしれない。これにくわえて、先に指摘したように副題の「悪の陳腐さ」がさらに大きな批判を招いた。

この問題について、アーレントは「追記」のなかで次のように書いている。

アイヒマンはイアーゴでもマクベスでもなかった。しかも〈悪人になってみせよう〉というリチャード三世の決心ほど彼に無縁なものはなかったろう。自分の昇進にはおそろしく熱心だったということのほかに彼には何らの動機もなかったのだ。そうしてこの熱心さはそれ自体としては決して犯罪的なものではなかった。もちろん、彼は自分がその後釜になるために上役を暗殺することなどは決してなかったろう。俗な表現をするなら、彼は自分のしていることがどういうことか全然わかっていなかった（アーレント［二〇一七］三九五）。

アーレントは、このようなアイヒマンの状況を「想像力の欠如」（アーレント［二〇一七］三九五）と呼んでいる。しかも、アイヒマンは愚かではなかった。彼を特徴づけているのは「まったく思考してないこと」（アーレント［二〇一七］三九五）であり、ここに「悪の陳腐さ」がある。アイヒマンから「悪魔的なまたは鬼神に憑かれたような底の知れなさ」を引き出すことは不可能である。彼にあったのは「現実離れ」や「思考していないこと」であり、これらは「人間のうちにおそらくは潜んでいる悪の本性のすべてを挙げてかかったよりも猛威を逞《たくま》しくすることがあるということ――これが事実エルサレムにおいて学び得た教訓であった」（アーレント［二〇一七］三九五―三九六）と、彼女は書いている。

アーレントは別の論考のなかで、「一生を通じて、ナチス体制に協力せず、公的な生活に関与することを拒んだ数少ない人々」がいたことを指摘し、彼らのことを「あえて自分の頭で判断しようとした唯一の人々」と呼んだ（アーレント［二〇一六］（一九六四）七一、七二）。

実は「尊敬すべき社会の人々」（アーレント［二〇一六］（一九六四）七二）ほど、ある価値の体系を別の価値の体系に置き換えるだけで行動してきたのである。言い換えれば、良心――その良心は転倒しているわけだが――を自動的に機能させるだけで、みずからの頭で考えることをやめてしまった人々だったといえるだろう。

これに対して、「あえて自分の頭で判断しようとした唯一の人々」は「わたしと自己の間で無言の対話をつづけたいという好み」を示す人々であり、これこそ彼女が「思考と呼んでいる行為」である（アーレント［二〇一六］（一九六四）七三）。思考とはみずからの内なる対話であり、「自己とともに生きていきたいという望み」（アーレント［二〇一六］（一九六四）七三）である。また、アーレントは次のようにも書いている。

懐疑や疑念は、物事を吟味して、自分で決心するために使えるのです。最善なのは、ただ一つのことだけが確実だと知っている人々です。すなわちどんなことが起ころうとも、わたしたちは生きるかぎり、自分のうちの自己とともに生きなければならないことを知っている人々です（アーレント［二〇一六］（一九六四）七四）。

どんなに陳腐だとしても悪は悪である。その悪を前にして、あえて外の世界と繋がらず、思考の場所を確保しようとした人々のことを、アーレントは「自分のうちの自己とともに生きなければならないことを知っている人々」と呼んでいる。彼女にとって、こうした人々こそみずから思考している人間であり、善と悪が転倒した世界における考えられうる生き方であった。

アーレントは、アイヒマン裁判から通常の基準では理解できない悪の姿を見て取った。その内容は、二〇世紀における悪をめぐる思想文化を考えるうえで、きわめて重要な訪問地を提供してくれている。とはいえ、先に述べたように、彼女に対する批判は痛烈なものであった。その批判のなかでもとくに重要なものが、ゲルショム・ショーレムとアーレントのあいだで交わされた手紙である。次にその内容を検討してみよう。

5　思考を開始すること——残された人間の責任

(1) ユダヤ人への両義的態度

ショーレムは中世ユダヤ神秘主義研究の大家であり、古くからのアーレントの友人であった。そのショーレムが彼女の『エルサレムのアイヒマン』を読んで、その感想を手紙にしたため、彼女に送った。さらにその手紙は雑誌に掲載され、より多くの議論を呼ぶことになったのである。

一九六三年六月二三日、ショーレムはエルサレムからアーレントへ手紙を送った。ショーレムによれば、アーレントの著作のなかでは「《ユダヤ人とあのカタストロフにおける彼らの態度》」と「《アドルフ・アイヒマンと彼の責任》」という二つの問題が論じられていた（ショーレム＋アーレント［一九九七］六五）[4]。

前者の問題については、若い世代から「なぜあの人たちは虐殺を許容したのか」という問いが出ることは当然であり、まだその答えが見つからない状況において、アーレントが「世界におけるユダヤ人の態度の弱さだけ」（ショーレム＋アーレント［一九九七］六五）を論じているのではと、ショーレムは批判している。本のなかにときおり現れる「心のなさ」や「ほとんど冷笑的な悪意に満ちた語り口」もショーレムの怒りを買うことになった（ショーレム＋アーレント［一九九七］六六）。要するに、ショーレムの目から見れば「わたしたちの民族の娘」であるアーレントには「ユダヤ人への愛」がまったく認められないのである（ショーレム＋アーレント［一九九七］六六）。

このようなショーレムの批判に対して、アーレントは一九六三年七月二四日の返信のなかで「ユダヤ人への愛」という言葉に当惑していることを率直に述べ、次のように書いている。

> あなたはまったく正しいのです――わたしはこの種類の「愛」によって心を動かされません。それには、二つの理由があります。第一に、わたしはいままでの人生において、ただ

の一度も、何らかの民族あるいは集団を愛したことはありません。ドイツ人、フランス人、アメリカ人、労働階級など、その類の集団を愛したことはないのです。わたしはただ自分の友人「だけ」を愛するのであり、わたしが知っており、信じてもいる唯一の愛は個人への愛です。第二に、この「ユダヤ人への愛」は、わたし自身がユダヤ人であるからこそ、わたしにはむしろ何か疑わしいものと見えるのです（ショーレム＋アーレント［一九九七］七二）。

アーレントにとって愛は集団に向かうものではなく、ましてや民族に向かうものでさえない。ユダヤ人として生まれたアーレントは、みずからの一部であるユダヤ性を愛することに大きな違和感をもっていたことがわかる。あるいは、あるイスラエルの指導者がユダヤ民族を信じていると語ったことについて、アーレントは次のような答えが浮かんだと記している。

この民族の偉大さは、かつて神を信じたことでした。しかも、その信じ方は、神に対する信頼と愛が神への畏れを上回るほどのものでした。いまは、その民族が自分たち自身しか信じていないんですって？　そこからどんな善が生じるといえるのでしょうか（ショーレム＋アーレント［一九九七］七二）。

このような意味では自分はユダヤ人を愛していないといいながら、彼女はそれでも自分が「ユダヤ人に属していること」を認めている。ある集団に属することと、ある集団を愛することは別の問題であり、両者のあいだには緊張関係があることが示唆されているといえるかもしれない。

(2) 茸のように表面にはびこる悪

ショーレムは「悪の陳腐さ」という言葉にも敏感に反応している。アーレントが、著書『全体主義の起源』のなかで「根源悪」というカントに由来する言葉を使っていたことを引き合いに出し、根源悪の問題の考察から悪の陳腐さというスローガンしか残らなかったのであれば、その問題は「深刻なレベルにおいて、道徳哲学あるいは政治的倫理学におけるもっと内実のある概念として探求される必要があるのではないでしょうか」（ショーレム＋アーレント［一九九七］七〇）と皮肉ともとれる言葉を残している。

これに対して、アーレントはもはや根源悪という言葉を使っていないことを断ったうえで、次のように書いている。

いまのわたしの意見では、悪はけっして「根源的」ではなく、ただ極端なのです。つまり、それは深遠さもデモーニッシュな次元ももっていないのです。それは茸のように表面にはびこりわたるからこそ、全世界を廃墟にしうるのです（ショーレム＋アーレント〔一九九七〕七七）。

陳腐である悪は、茸のように表面にはびこる――陳腐さも表面も、どちらも悪を論ずるには不適切な言葉に思えるが、このような似つかわしくない言葉でアーレントは悪を形容している。しかし、同時にその悪は全世界を廃墟にしうる力をもっていることも指摘されている。さらに、彼女はアイヒマンが思考を停止し、みずから考えることをやめていたことを思い出させるように、思考と悪の関係をこう論じている。

わたしが申し上げたように、それ〔悪〕は「思考にとって解決のない挑戦」なのです。というのも、思考はある程度の深さまで到達しよう、根源にまで遡ろうと試みるからです。

そして、それが悪と関わる瞬間、思考は挫折します。なぜなら、そこには何もないからです。その意味で、悪は思考を不可能にするのです。それが悪の「陳腐さ」です。善のみが、深遠さをもち、根源的でありうるのです（ショーレム＋アーレント［一九九七］七七）。

思考を挫折させる悪こそ、アーレントがアイヒマン裁判から得た知見だった。悪のなかに何かがあると思い、掘り進めてもそこには何もないという経験に直面して、思考は不可能になる。アーレントが思考の敗北を宣言したかのようにも読めるが、悪は「思考にとって解決のない挑戦」（傍点引用者）とも書かれている。悪の背後に途方もない動機があると信じることや、従来の法の想定内で裁こうとすることで悪を論じた気になってしまう事態を、アーレントは批判していた。その意味では、悪は解決しえないものではあるが、しかし事実として存在するものであり、人は悪からの挑戦を回避しえないからこそ、アーレントは『エルサレムのアイヒマン』を書いたともいえよう。

ショーレムは手紙のなかで、ユダヤ人を襲ったカタストロフを裁ける立場に自分たちはまだいないといっている。「わたしたちには、ある種の客観性を可能にするような距離が欠けているのです。わたしたちにはそうした距離が欠落せざるをえないのです」（ショーレム＋アーレント［一九九七］六五）。起きてはいけない出来事が起こってしまった以上、アーレントにとって重要だったのは思考をしないことではなく、思考を開始することだったはずである。みずからの意見が「シオニズムへの嘲笑」（ショーレム＋アーレント［一九九七］六九）だと批判されたときも、自分は「レッシングの自立的思考」にしたがっているのだと答えた(5)。すなわち、「いかなるイデオロギー、いかなる世論、いかなる「信念」によっても代替できない」思考が存在するのであり、彼女はどんな問題に直面しても、このような思考を開始することこそ、悪の挑戦に応答《レスポンス》すること、すなわち残された人間の責任《レスポンシビリティ》だったと考えていたのではないだろうか。

6　ダークな世界と繋がる／繋がらない

文化を学ぶ、世界と繋がる——本書は、このような問題意識のもとで構成されている。そうであれば、本章の冒頭でも示唆したようにダークな思想文化を学ぶことは、ダークな世界と繋がることを意味するのだろうか。言い換えれば、アイヒマン裁判というダークな思想文化を学んだことで、人はダークな世界と繋がったのだろうか。

この問いに対しては、二つの答え方があるだろう。一つは、〈繋がった〉という答えである。

思考を停止していたからこそ遂行可能だったアイヒマンの悪を目の当たりにして、人は茸のように表面にはびこりわたる陳腐な悪の世界を知ることができた——繋がった——のである。その世界はダークではあったが、陳腐でもあるという奇妙な逆説に満ちた世界であり、目をそらしていては絶対に知りえない世界だったはずである。

もう一つは、〈繋がらなかった〉あるいは〈繋がらない〉という答えである。思考が停止しているダークな世界があることを学んだとしても、ショーレムが書いたように、「ある種の客観性を可能にするような距離が欠けている」といって、判断を留保する理由はないし、もっといえば思考を停止してはいけない。たとえ暗い時代に生きているとしても、あるいは厳しい批判にさらされているとしても、「いかなるイデオロギー、いかなる世論、いかなる「信念」によっても代替できない」自立した思考をもつことが重要であると、アーレントは語っていたではないか。その意味では、良心が機能しない世界、想像できない出来事が起きて思考が停止してしまった世界の只中にいても、あるいはその事実を知ったとしても、人は思考を開始する勇気をもたなければならない。そのとき自分の頭で判断しようとした人々はダークな世界との繋がりをみずから断ち、「わたしと自己の間で無言の対話」をするためにも、思考の場所を確保しようとする行動を起こすことになるだろう。

リチャード・J・バーンスタインは、「われわれの大衆文化の底辺には「世俗的マニ教」の流れがある」（バーンスタイン［二〇一三］七）と書いている。彼は、この言葉で「世界をよき力と悪しき力に二分することとの安易さ」（バーンスタイン［二〇一三］七）を言い表している。単純な二分法で物事を考えるほど危険なことはない。その意味では、ダークな思想文化を学ぶことは、ダークな世界に繋がることもできるし、繋がらないこともできるという二つの可能性に開かれていなければならない。そうであるならば、繋がること／繋がらないことのあいだにあって、みずからの頭で悪を考え抜くことこそ、本章におけるダークな思想文化を学ぶ上での重要な視点である。

あえて悪を旅するダークツーリズムを通じて、あなたは何を見たのだろうか。目にした風景が、あなたを次の旅に誘っているだろうか。もちろん善を旅してもよい。人間は悪だけを犯してるわけではないのだから。いずれにせよ、あなたが次なる思想文化を学ぶために、あるいはまだ見ぬ風景を目にするために一歩を踏み出したのであれば、あなたの旅は成功したのであり、そのときあなたの思考も新たに始まったのである。

（付記）本研究はJSPS科研費17K02261の助成を受けたものである。

参考文献

東浩紀［二〇一七］『観光客の哲学』ゲンロン。

東浩紀（編）［二〇一三a］『チェルノブイリ・ダークツーリズム・ガイド』ゲンロン。

――［二〇一三b］『福島第一原発観光地化計画』ゲンロン。

アーレント、ハンナ［一九九四］『過去と未来の間』引田隆也・齋藤純一（訳）、みすず書房。

――［二〇〇二］（一九六五）「何が残った？　母語が残った」、『アーレント政治思想集成1――組織的な罪と普遍的な責任』齋藤純一・山田正行・矢野久美子（訳）、みすず書房。

――［二〇〇五］『暗い時代の人々』阿部齊（訳）、ちくま学芸文庫（本来、ちくま学芸文庫では著者の名前は「アレント」となっているが、統一性を考えて、参考文献ならびに本文中では「アーレント」と表記した。以下、ちくま学芸文庫で出されている著者の表記はこの規則にすべて則っている）。

――［二〇一六］（一九六四）「独裁体制のもとでの個人の責任」、『責任と判断』ジェローム・コーン（編）・中山元（訳）、ちくま学芸文庫。

――［二〇一六］（一九七一）「思考と道徳の問題――W・H・オーデンに捧げる」、『責任と判断』ジェローム・コーン（編）・中山元（訳）、ちくま学芸文庫。

――［二〇一七］『新版 エルサレムのアイヒマン――悪の陳腐さについての報告』大久保和郎（訳）、みすず書房。

アンダース、ギュンター［二〇〇七］『われらはみな、アイヒマンの息子』岩淵達治（訳）・高橋哲哉（解説）、晶文社。

井出明［二〇一四］「ダークツーリズム」、大橋昭一・橋本和也・遠藤英樹・神田孝治（編）『観光学ガイドブック』ナカニシヤ出版。

ヴィラ、デーナ・リチャード［二〇〇四］『政治・哲学・恐怖――ハンナ・アレントの思想』伊藤誓・磯山甚一（訳）、法政大学出版局。

遠藤英樹［二〇一六］「ダークツーリズム試論――「ダークネス」へのまなざし」、『立命館大学人文科学研究所紀要』（一一〇号）。

開沼博［二〇一一］『「フクシマ」論――原子力ムラはなぜ生まれたのか』青土社。

――［二〇一五］『はじめての福島学』イースト・プレス。

川崎修［二〇一四］『ハンナ・アレント』講談社学術文庫。

ショーレム、ゲルショーム＋アーレント、ハンナ［一九九七］「イェルサレムのアイヒマン――ゲルショーム・ショーレム／ハンナ・アーレント往復書簡」矢野久美子（訳）、『現代思想』（二五巻八）。

徳永恂［二〇一五］『絢爛たる悲惨――ドイツ・ユダヤ思想の光と闇』作品社。

中山元［二〇一七］『アレント入門』ちくま新書。

バーンスタイン、リチャード・J［二〇一三］『根源悪の系譜――カントからアーレントまで』阿部ふく子・後藤正英・齋藤直樹・菅原潤・田口茂（訳）、法政大学出版局。

ブローマン、ロニー／エイアル・シヴァン［二〇〇〇］『不服従を讃えて――「スペシャリスト」アイヒマンと現代』高橋哲哉・堀潤之（訳）、産業図書。

矢野久美子［二〇〇二］『ハンナ・アーレント、あるいは政治的思考の場所』みすず書房。

――［二〇一四］『ハンナ・アーレント――「戦争の世紀」を生きた政治哲学者』中公新書。

ヤング＝ブルーエル、エリザベス［一九九九］『ハンナ・アーレント伝』荒川幾男・原一子・本間直子・宮内寿子（訳）、晶文社。

Arendt, Hannah / Scholem, Gershom 2010, *Der Briefwechsel: 1939-1964*. Jüdischer Verlag.

Aschheim, Steven E. (ed.) 2001, *Hannah Arendt in Jerusalem*. University of California Press.

Benhabib, Seyla 2000, “Arendt’s Eichmann in Jerusalem” in *Cambridge Companion to Hannah Arendt*, edited by Dana Villa, Cambridge University Press.

Engel, Amir 2017, *Gershom Scholem: An Intellectual Biography*. University of Chicago Press.

King, Richard H. 2015, *Arendt and America*. University of Chicago Press.

註

（1）開沼博の問題意識については開沼［二〇一一］、開沼［二〇一五］を参照されたい。

（2）アーレントの生涯については、ヤング＝ブルーエル［一九九九］、川崎［二〇一四］、矢野［二〇一四］の記述に基づいている。

（3）「悪の凡庸さ」と訳されることもある。

（4）翻訳は基本的にショーレム＋アーレント［一九九七］にしたがうが、訳語の統一の問題などに配慮して、必要な場合は Arendt/Scholem 2010 も参照した。それゆえ、邦訳からは多大な恩恵を受けたが、訳文が一部違う個所もあることを前もってお断りしておきたい。

（5）アーレントとレッシングの思想の関係については、アーレント［二〇〇五］に収められているレッシング賞受賞演説「暗い時代の人間性――レッシング考」を参照されたい。

第三章　フランス革命前後の主権のあり方を考える
——歴史学からのアプローチ——

仲松　優子

1　主権の歴史性に向き合う

主権とは、広辞苑によると以下のような定義となる。「①その国家自身の意志によるほか、他国の支配に服さない統治権力。国家構成の要素で、最高・独立・絶対の権力。統治権。②国家の政治のあり方を最終的に決める権利」である（新村（編）［二〇〇八］一三三九―一三四〇）。①ではおもに国際関係における国家主権を定義し、そして②では国家内部において政治を決定する権利としての主権を説明している。ここでは主権を握るものは誰なのかということが、議論となりうるだろう。

これら二つの意味をもつ主権をめぐる問題は、フランスの一六世紀からフランス革命にいたるまでの歴史においても重要な意味をもった。フランスでは一六世紀に、近代的な主権観念が生まれたと考えられており、これを唱えた思想家たちは国王をその主権者と位置づけようとした。そして、その後フランスでは、一七八九年の革命を境に主権者が明確に規定され、理念としては国民主権の体制となった。ただし、この主権者の変更は、革命期に突如考え出され、実行されたわけではない。革命前の長い時間をかけて生じた社会の変化と、それにともなう主権をめぐる議論や、その実践としてのさまざまな制度改革を経過して獲得された体制であった。そして、フランス革命によってかかげられた国民主権という原理には、実際には多くの限界がともなっていたことも忘れてはならない。

本章では、こうしたフランス革命前後の主権をめぐる議論と実践をみていくことをとおして、主権のあり方の歴史性を理解することを目指す。ここでいう「歴史性」とは、現在の私たちが常識だと考えている考え方や行動の仕方の背景には、歴史的な過去の積み重ねがあるということであり、その結果として現在があるということを意味する。こうした理解に立つとき、現在の私たちが想定し実践している主権というものが、私たちの行動いかんによってこれから変化していくものであることにも気が付くだろう。それは、私たちの社会の主権をめぐる状況や、その課題を考える一つの契機となるにちがいない。

以下では、まずフランス革命に先立つ時代であるアンシアン・レジーム期に、主権概念が生まれた歴史的背景を整理するのと同時に、これと対抗する考え方もまた存在したこと、そして王権以外のさまざまな権力が積極的に当時の政治運営に関与していたことを示す。この見解は、「絶対王政」論を見直している近年の研究成果にそったものである。

次に、それではもしも王権が「絶対君主」でないのであれば、どれだけ一般の人々の政治参加が認められていたのかということを検討する。これにより、この時代の主権を行使する主体の限定性と、「民主的」な政治運営の限界を示すことになるだろう。この点はフランス革命に先立つ時代からすでに多くの人々の論争の的となっていた。こうした議論とこれに起因する政治改革が、やがて革命へとつながる道を準備することになる。

本章の最後では、フランス革命期に国民主権の体制となった経緯をみていく。ただしここでも、すべての国民が等しく政治的な権利を獲得できたわけではなかったことを示すこととなる。こうして、主権概念が生まれ、そして変化し、革命を経験したフランスにおける歴史的過程から、主権のあり方をめぐる議論の進展と同時に限界を明らかにし、現在のわれわれの時代における主権にまつわる課題を考えてみよう。

2　アンシアン・レジーム期の主権とは

(1) 主権概念の誕生とその歴史的背景

まずは、フランス革命前のアンシアン・レジームとよばれる時代の主権概念をみていこう。フランスにおいて、近代的な主権概念が最初に明確に提示されたのは、政治思想家ジャン・ボダン（一五三〇—九六年）の『国家論』（一五七六年）とされている（Bodin 1576）。ボダンは、市民社会の延長線上に国家を想定していた古代・中世的な国家観を脱し、国家と市民社会を二分して、市民社会を統治するものとして国家をその上位に置き、統治権力としての「主権」概念を打ち立てた。そして、その主権を行使するのは国王であるべきとした（成瀬［一九八四］七九—八〇）。

ボダンの主張を理解しようとする場合、彼が活躍した時代がどのような時代だったのかということをおさえておく必要がある。ボダンが生きた一六世紀の半ばから後半にかけての時代に、フランスは宗教問題をめぐり内戦状態に陥っていた。フランス王権は歴史的にカトリックに支えられながらその権力を伸長してきたが、一六世紀前半に現在のドイツやスイスを中心に宗教改革がはじまると、フランスでもプロテスタントが浸透した。当初はそれを傍観していた王権だが、王族や貴族の間でもプロテスタントが勢力を拡大するなかで、弾圧にのりだし、国内はカトリックとプロテスタントの陣営に分かれて戦いが広がった。第一次宗教戦争（一五六二―六三年）から第八次宗教戦争（一五八五―九八年）まで断続的に続いた戦争は、国内を疲弊させるのと同時に、王権にも大きな打撃となっていた。このようななかでボダンは、『国家論』を執筆したのである。

ボダンが、こうした宗教と政治の混乱期にあって、ポリティーク派という一派に属していたことも、ボダンの立場を理解する際に重要である。アンリ三世（在位一五七四―八九年）の時代に、カトリック側でもなく、プロテスタント側でもなく、王権の権威の強化によって国内の平和を打ち立てようと考えた一派が、ポリティーク派であった。この派閥は、アンリ三世の親族や、高等法院に所属する司法官などを中心に形成された。ボダンは、この一派の思想的な中心を占め、『国家論』が執筆されたのはまさにこのような政治闘争のさなかのことであった。

このように、王権のもとにフランスを秩序化するべきであると主張したボダンであるが、王権のあり方を家族における家父長の位置づけと関連づけて議論したことにも特徴がある。つまり、王国の安定化には、王権と同様に家族における家父長の権限を強化するべきであると論じたのである。宗教戦争のただなかである当時、政治思想家の間にはカトリーヌ・ド・メディシスへの批判がひろがっていた。彼女はフランス国王アンリ二世の妃で、その後息子がフランソワ二世、シャルル二世、アンリ三世として即位し、彼女自身は摂政として政治的に大きな影響力を行使した。こうした彼女に対する政治批判と共通点をもちながら、ボダンは議論をさらに独自に展開させ、女性が主権をもつ国家政体を批判し、その体制は女性を男性に従うものと規定している自然法や神法に違反していると主張した(1)。

このように、家族内部における家父長による支配の強化を前提とし、その家父長の上位に立つものとして王権を位置づけ、男性の国王によって強力に王国が統治される体制を理想とするボダンの主張は、宗教戦争期という国内の秩序が不安定な時代において、新たな秩序を打ち立てるための方策として考え出されたものである。そしてその主張は、ポリティーク派という一つの政治的立場においてなされたものであることをおさえておく必要があるだろう。

実際、ボダンの主張とは異なり、プロテスタントの側では、暴君放伐論が発展していった。それによれば、もし君主が「真の宗教」に背く行為をした場合には、被支配者はこれに反逆してもよい、あるいはむしろそうすることが神に対する義務だとされた。また、通常の王政の運営においても、臣民の総意である議会によって王権を制御する必要があり、問題がある国王はその地位から排除する権限さえも議会はあると考えられた。さらには、そもそも国王を選出する権限さえも議会には付与されているとする選挙王政論にまで発展させる論者も存在した。このプロテスタントの側の思想は、カトリック強硬派のリーグによっても採用され、王の権力は議会によって制限されるべきであるとする主張が唱えられた(2)。

このように、ポリティーク派のボダンの主張は、当時の政治思想の一つにすぎない。しかし、その後のアンリ四世とルイ一三世の政策を思想的に支えたのが、このポリティーク派の論理であった。そのため多くの研究が、このボダンの『国家論』にもとづいて、この時代には王権を主権者として秩序化されていた社会が形成されていたと理解する傾向にあった。「絶対王政」という言葉には、まさにこの時代のフランス社会へのまなざしのあり方が表現されている。しかしこのイメージは、現在の研究においては批判の対象となっている。近年の研究では、王権以外のさまざまな権力に光があてられ、王権の限界が検証されているのである(3)。

また、絶対王政論者として有名なボダンであるが、実はボダンは、さまざまな団体や共同体がその多様性を保持しながら、国家によって統治されていることをも指摘していた。この点は注目に値するだろう。さらに、ボダンは諸身分の同意なくして課税することは、国王といえどもできないとさえ述べている。

ここでボダンが指摘している社会の多様性や、国王主権の限界は、この時代の実際の政治のあり方と、どのような関係にあるのだろうか。そして、ここで指摘されている国王主権のあり方は、ボダンの後の時代に絶対王政の最盛期を生み出したとされるルイ一四世（在位一六四三—一七一五年）の時代には、強化されたものに変化していくのだろうか。次にその点をみてみよう。

（2）現実の政治のあり方

フランスの政治体制については、強力な王権ばかりがイメージされがちであるが、ボダンが生きた一六世紀半ばの時代に、フランスには代表的な二つの議会が存在していた。そのうちの一つが全国三部会である。全国三部会は、一三〇二年に時の国王フィリップ四世が、ローマ教皇との争いにおいて自らの優位性を獲得するために、国内に呼びかけたことから開催されたのがはじまりだった。一六一四年に最後に開催されるまでの三〇〇年あまりの間に、不定期に約六〇回開催されている。頻繁に開催されたのは、百年戦争期や宗教戦争期であり、国内秩序の動揺した時代に、王権が国内の政治的な支持や財政上の協力を獲得することがおもな目的であった（高橋［二〇〇三］九—一一）。ボダンが生きた宗教戦争の時代に、国王は国内秩序の安定化のための方策として頼りにしていたものの一つが、全国三部会だったのである。

しかし、全国三部会は、一六一四年に招集されたのを最後に、革命が開始される一七八九年までおよそ一七〇年あまり開催されることはなかった。これまでの多くの研究は、このように長期にわたって全国三部会が開催されなかったことを理由に、この時代に王権がさまざまな組織や権力によって制限を受けない「絶対王政」が成立したと考えてきた。

だが、全国三部会はそもそもすでに述べたように、不定期に開催されたものであった。さらに一六一五年以降も王権は幾度かこれを招集しながら、結果として開催されることがなかったという経緯も存在した（ベルセ［二〇〇三］）。すなわち、全国三部会が開催されなくなったことをもって、「絶対王政」が成立したとみなすことには、無理があるのである。

そしてこうした事態にくわえて、第二の議会の存在をここでは考えてみる必要があるだろう。それは、地方に設置されていた地方三部会である。フランスでは一七八九年の革命にいたるまで、全国の三分の一程度の領域に地方三部会が設置され、王権が地方の同意を調達する場として機能していた。この地方三部会も、かつての研究では王権の伸長の前に形骸化していったと評価されていたが、現在は地方三部会の活動が国政において重要な役割を果たしたことが認められている（Legay 2001; 伊藤［二〇〇七］; Durand et al. 2014）。

ここでいう地方三部会とは、全国三部会と同様に、基本的には三身分の代表からなる議会であり、もともとフランス王国に併合される前から存在していた地方の議会が、併合時に「地方三部会」として位置づけられた場合や、あるいは併合後に新たに設置される場合があった。中世にはフランス王国の各地方で開催されており、管区の課税額を王権と交渉し徴収する権限を有していた。しかし、王権による直接課税制度の拡大政策によって、地方三部会は廃止に追い込まれていく。ただし、フランス革命前夜においても、ブルターニュ地方、ブルゴーニュ地方、ラングドック地方、プロヴァンス地方、ドーフィネ地方などに設置され続けた。王権が権力を強化した時代を経ても、地方三部会の同意を必要とする課税および徴税方式は、フランス革命まで持続していたのである。

すなわち、全国三部会が開催されることがなくなった時代にも、フランス王国の各地には地方三部会という課税の同意を必要とする議会が存在したのである。ボダンが指摘した主権を構成する要素である課税権は、フランス革命にいたるまで、王権のもとに集約されていたわけでなかったことが、ここに示されている。

また、このように王権の課税権を制限した議会の存在にくわえて、王権の立法権を制限する強力な組織の存在を指摘する必要があるだろう。それが、全国に設置されていた高等法院である。高等法院は、パリ高等法院が一四世紀はじめに組織化されたのを皮切りに、その後王領地が拡大していくなかで地方に増設されていった。一七八九年の段階では、全国に一三の高等法院が存在した(4)。

高等法院は裁判所としての機能をもつが、主権のあり方を考えるうえで注目したいのは、立法権に似たその権限である。王令は、高等法院がその妥当性を認可してはじめてその管区で効力を発したのであり、当然高等法院によって拒否されることもあった。また王令に対して高等法院から意見が出た場合には、国王はこれを承認させるために王令の修正をせざるをえない事態も起こったのである。こうして、国王の立法権は高等法院によって大きく制限を受けていた。この状況は、絶対王政の最盛期とされるルイ一四世の時代も同じであり、フランス革命にいたるまで続いたのである（Hamscher 1976; Antoine 1993; Le Mao 2007）。

ボダンは、法律の制定や発布に、主権者の権力があらわれているとしている。しかし、高等法院は、常に王令の認可というかたちでその王権の立法行為に介入していた。高等法院は王権によって設置された組織であり、高等法院の司法官たちは国王官僚であったが、設置された地域の利害と結びつき王権と対立する指向性をもっていた。王権と高等法院の対立は、フランス革命にいたるまで激しいものであったし、王権はこれを廃止することを画策したこともあったが、結局それはうまくいくことはなかった。このように立法権においても、王権はやはり制限をくわえられていたのである。

以上のように、王権が主権者としてふるまうには、さまざまな権力や組織と交渉し、時には妥協する必要があった。ここにみられるように、王権が政治運営において諸集団から同意をえなくてはならないとする観念は、王政が廃止されるフランス革命まで生き続けていたのである。

それでは、こうした政治運営において、多くの人々の政治参加はこれらの組織をとおして、担保されていたのだろうか。結論を先取りしていえば、多くの限界があったことは確かである。次の節では、これらの問題を、全国三部会と地方三部会を事例に具体的に論じてみよう。フランス革命前に存在した議会において、その席を占めていたのは誰なのか、そしてどのように会議は運営されていたのだろうか。実はその運営方法は、一八世紀になると批判や擁護の対象となり、議会制度のあり方をめぐる議論が激しくなってくる。そして、フランス革命はその論争のなかで生まれてくるのである。

3　政治参加の限定性と議会制度改革

（1）三部会の代表性

全国三部会は先にみたとおり、一三〇二年以来開催されていた身分制議会であるが、発足当初の出席者は国王によって個別に招集されていた。しかし、一四八四年には、三身分代表すべてに選挙制度が導入された(5)。一五世紀後半のこの時代に選挙制度が導入されていたことは、注目に値するだろう。

それでは、選挙制度はどのように実施されていたのだろうか。その整備が本格的に進んだのは、一五六〇年の全国三部会であった。この際に、「地方」の枠組みのさらに下位の行政単位であるバイイ裁判所管区およびセネシャル裁判所管区が選挙区として確定し、選挙制度が整備されていくことになる。聖職者と貴族の代表は、この選挙区で選出された。それ以外のいわゆる第三身分代表については、二段階で選出された。まず都市では、同職組合など各種職能団体ごとに、農村では小教区（およそ一つの村に相当する）を単位として第一次選挙を行い、その後バイイおよびセネシャル裁判所管区の第三身分代表の会合に参集し、最終的な代表を選出した

（高橋［二〇〇三］一一―一二）。こうして各地方で選ばれた代表たちが、国王の指定した都市に集まり、全国三部会を開催したのである。

このような選挙制度が整備されたのと同じころの一五世紀半ばから、選挙区ごとに陳情書も作成されるようになった（高橋［二〇〇三］一三）。選挙によって選出された代表は、この陳情書を持参して、全国三部会に出席しここで議論が行われたのである。

この全国三部会は、先にふれたように一六一四年に招集されたのを最後に、革命まで開催されることはなかった。しかし革命期には、この過去に行われていた選挙制度と陳情書の作成が、再び参照され、基本的にはこの方式が採用されていくことになる。したがって、フランス革命は何もかもを刷新したわけではなく、過去を参照しながら新たな体制が模索されたといえる。そうした意味においても、ここで述べた全国三部会の運営方式はその後の歴史に影響を与えていた。

さて、もう一つ存在した議会である地方三部会のほうはどうであっただろうか。もっとも「民主的」であったとされるラングドック地方三部会の事例をみてみよう。ここでいう「民主的」とは、議会の決議の方式においてである。先にみた全国三部会では、第一身分の聖職者と、第二身分の貴族、第三身分の平民がそれぞれ分かれて議論し、最終的には身分別の投票が行われた（高橋［二〇〇三］一二）。そうなると多くの議決は、特権身分の二票と、第三身分の一票に分かれてしまい、第三身分の意見は採用されにくい。多くの地方三部会でもこの形式がとられていた。しかし、例外がラングドック地方三部会だった。ラングドック地方三部会では、第三身分代表の人数は、第一身分と第二身分の代表の合計数と同じ議員数が確保されており、議員の個別投票が実施されていた。すなわち特権二身分の意見ではなく、第三身分の意見が採用される可能性があったのである。それでは、このようなラングドック地方三部会では、どれだけ一般の人々の意志が反映されていたのだろうか。まずは、その人員の構成をみてみよう（Jouanna 1996; Pélaquier 2014）。

ラングドック地方三部会の第一身分である聖職者代表は、ラングドック地方内部のカトリック行政区分である司教区（diocèses ecclésiastiques）の各代表者からなり、一八世紀には二三代表を数えた。代表は司教もしくは大司教であり、そのうちナルボンヌ大司教が三部会の議長をつとめた。

第二身分である貴族代表は、三部会に出席する権利があらかじめ付与されていた二三バロン領（baronnies）の領主から構成された(6)。

また、第三身分代表は、ラングドック地方三部会の下位行政区分であるディオセーズ区

(diocèses civils) から主要都市の代表二名が派遣された。一八世紀のディオセーズ区は二四存在していたが、投票権をもつ議員は四六名であった。

ラングドック地方三部会の投票方法は、先にも述べたとおり、議員ごとの個別投票であり、貴族と聖職者代表を合わせた議員数と、第三身分代表の投票可能数は同数であった。一見、第三身分に開かれた議会のようにみえる。

しかし、第三身分の代表には、都市代表として多くの貴族が含まれていた。一七世紀には第三身分代表の二〇から四〇パーセントが貴族によって占められていたのである。その後一八世紀後半には貴族の割合はおおむね一〇パーセント前後で推移し、革命直前には、弁護士や医師の占める割合が貴族を超えていく(Pélaquier 2014, 64)。ただし、三部会議長を聖職者であるナルボンヌ大司教がつとめていたこともあり、特権身分の影響力が依然大きい組織であったといえるだろう。

また、ラングドック地方三部会の代表は、はじめから出席権限が付与された土地や都市からの出席者であり、ここに選挙制度は導入されておらず、したがって三身分いずれにしても、その総意を代表するとはいいがたい人物が議員としての席を占めていた。

さらに問題なのは、この議会の構成では、人口の大多数を占める農民の意見が直接的に表明されることがないことだろう。中世からアンシアン・レジーム期にかけての議会制度が専門の高橋清徳によると、聖職者がその教会所領の農民を代表しており、また貴族がその世俗所領の農民を代表するという、身分制議会全般にかかわる法理論が存在していた。そして第三身分代表は、おもに都市市民を代表することになっており、ここに農民を含む必要はないと考えられた。つまり、聖職者や貴族という土地領主をとおして、農民の意志は反映されるとされたのである（高橋［二〇〇三］六―七）。

このように、フランス革命前のアンシアン・レジーム期には、王権を制限する議会や組織の存在を指摘できるものの、その議会運営のあり方をみてみると、貴族や聖職者の影響力が強く、人口の多数を占める農民の政治参加はほぼ不可能に近く、また特権階級ではない第三身分代表の実態をみても、都市の役人が大半を占め、その都市の役人は貴族や高等教育の機会に恵まれた知的エリート層に属していた。

すなわち、多くの人々の政治参加は実現していたとはいいがたく、こうした状況は、フランス革命前の議会制度をめぐる政治議論を引き起こしていく。そしてこの動きが、直接的にはフランス革命へとつながっていくのである。

（2）一八世紀の議会制度改革と地方の政治議論

一八世紀の議会制度改革は、そもそも国家財政の赤字に問題の発端があった。フランスは、革命に先立つおよそ百年間、イギリスをはじめヨーロッパ諸国と戦争を重ねていた。また、こうしたヨーロッパにおける戦争と並行して、植民地においても特にイギリスとの間で植民地争奪戦を繰り広げ、それが莫大な支出と財政赤字を引き起こしていた。累積していく財政赤字を前に、政府はこれまでの身分制を前提とする免税特権の廃止をも視野に入れた、財政改革に着手していくのである。

そして、この財政改革と同時に、政府は、税の配分と徴収を担う新たな議会の導入を検討していくことになる。一八世紀後半には、地方三部会をモデルとした議会を、三部会が廃止されていた全国の地方に創設しようとするさまざまな計画が持ち上がるのである（Cabourdin 1978, 180; Barbiche 1999, 404)。

具体的には、一七六〇年代から、地方行政制度の改革について多くの構想が発表されるようになる。なかでも、一七七五年のデュポン＝ド＝ヌムールによる『自治体にかんする覚書』は、地方に「自治体（municipalité)」と呼ばれる議会を設置し、議員の間には身分の区別を設けないとする構想を描いており、財務総監のテュルゴーに提出された。この構想を受けて、一七七八年には、最初の地方議会（assemblée provinciale）がネッケルのもとで設置された。しかし、政策も一部の地方に導入されたにすぎず、身分制が採用されていた。

また、一七八六年には再び地方議会の設置がカロンヌによって試みられたが、身分の区別を採用しない議会を提案したため反対にあって失敗し、結局ブリエンヌのもとで、一七八七年に再び地方議会が設置されるにいたった。しかし、このブリエンヌが導入した地方議会でも、やはり身分制が採用された。すなわち、身分の別によらない議会というものが構想としては存在し、政府もこれを導入することを試みたが、結局は高等法院をはじめ特権階級の反対で、実現しなかったのである。

このような一連の議会制度改革の流れのなかで、地方の政治もまた大きく動いていた。地方議会の設置とは、まさに地方の議会制度をどのようなものとするのかという問題であり、そして特権階級、第三身分にかかわらず、自身の利害と密接なかかわりがあったからである。そして、地方の反応は、一八世紀後半の地方における権力構造を基盤として、地方ごとに特色のあるものとなった。

たとえば、フランス南東部に位置するドーフィネ地方では、政府から議会制度改革がもちあがった一八世紀後半には、地方三部会は存在していなかった。そのため、ドーフィネ地方では、政府の提案する地方議会ではなく、地方の伝統と特権を擁護すると彼らが考えた地方三部会の方を復活することが要求された(7)。

また、フランス北西部の大西洋に突き出たブルターニュ地方は、地方三部会を保持し、王権との間でも地方利害をめぐって長らく対立関係にあった。そこでは、一八世紀後半に新たな議会を設置しようとする政策に対して、さまざまな意見が出た。地方の政治を長らく牛耳り、貴族や聖職者の影響力が強かった地方三部会に対して、第三身分の間ではむしろ政府の提案する新しい議会に魅力を感じる者たちもいたのである。そのため、政府の議会制度改革に刺激を受けるかたちで、第三身分は地方三部会の改革を要求するにいたった。既存の地方三部会の改革要求は、同じく強力な三部会を保持していたラングドック地方でも起きていた(Fournier 1994; Miller 2008)。

つまり、先にみたドーフィネ地方では、地方に議会を復活させるという目的のもと、聖職者や貴族や第三身分が連携する方向性にあったが、ブルターニュ地方では、既存の議会を拠点とする貴族や聖職者と、第三身分の間には亀裂がむしろ深まり、第三身分の独自の政治運動が発展したのである。こうして政府の改革は、地方に主権をめぐる議論を深めさせ、行動を引き起こしていくことになった。

　このように、アンシアン・レジーム期には、王権以外のさまざまな権力が王権を制限していたが、その組織は身分制のもとにあり、さらに地方を代表する人々は一部の人々に限られ、農民の政治参加も困難であった。そして、そうした三部会のあり方と政治のあり方をめぐる政治運動は、政府主導の議会制度改革に刺激を受けながら、パリだけでなく地方においても沸き起こり、フランス革命を引き起こしていったのである。

　それでは、フランス革命は、どれだけ人々の政治意見が反映される社会を生み出したのだろうか。次節では、フランス革命へと具体的にいたる道筋をみていき、そしてフランス革命が打ち立てた国民主権の体制はどのような内実をもっていたのかを考えてみよう。

4　フランス革命とその限界

(1) 全国三部会開催への動き

　全国三部会の開催をまず求めたのは、パリ高等法院であった。一七八七年に政府が要求した全身分を対象とする新税の導入を、パリ高等法院は拒否し、新税の議論のために全国三部会を開催することを要求したのである。

これに対して王権は、ついに高等法院そのものの廃止や権限の制限にのりだした。一七八八年五月にラモワニョン改革によって、高等法院から王令の登録権を奪おうとし、これを拒否する高等法院には設置都市からの追放が命じられた。

こうした高等法院に対する改革は、その組織だけにかかわるものとは受け止められず、高等法院が設置された都市では、広く政治的権利の問題として認識された。一七八八年六月ドーフィネ地方では、同地に設置されていた高等法院が追放されたことをきっかけに、政治集会が開かれた。ドーフィネ地方で実施されたその集会では、高等法院と地方三部会の復活を要求することが決議されただけでなく、全国三部会の開催が要求されたのである。このドーフィネ地方の動きに、各地方は衝撃を受け、やがて政治的論争や運動を展開していくことになる。

全国三部会の開催要求を突き付けられた政府は当時、莫大な借金を背負っており、国内の政治的な状況が緊迫するなかで、金融界からの信用を失い、借財が困難になっていた。そこで、パリ高等法院およびドーフィネ地方など各地方から要求されていた全国三部会を開催し、これによって混乱を収めようとした。そして財政の問題を、この全国三部会で解決しようとしたのである（柴田［二〇一二］一六一）。

フランス革命の直接的な発端となる全国三部会は、こうしてパリ高等法院の要求と、地方からの要求が連動するなかで決定された。地方の議会制度を改革しようとする政府の施策は、強力な政治組織である高等法院との間の政治的対立を引き起こしただけでなく、地方における主権をめぐる議論を活性化したのである。

しかし、全国三部会を開催するという要求を政府が了承したとき、実はこの約一七〇年ぶりに開催することになった全国三部会を、いつ開催するのか、そしてどのような代表選出の方法をとり議員数を何人とするのか、そして全国三部会の議決方式はどうするのかという、議会運営において最も重要なことは何一つ決まっていなかった。これらの問題は、再び全国の政治議論を深化させ、地域内部における権力闘争と政府への政治的働きかけを活発にしていくことになる。その経緯を次にみていこう。

(2) 全国三部会の運営方式をめぐる争い

一七八八年七月五日、政府は全国三部会の招集について、最後に同三部会が開催された一六一四年の選出方法を、調査することを命じた(8)。ここから、全国三部会の開催方式が模索されることになった。

同年八月八日の王令では、全国三部会は、一七八九年五月一日に開催されることが規定された（その後、五月五日に変更）[9]。また、王令はその選出母体として、地方三部会を招集する必要があることに言及した。すなわち、地方に古くから存在していた地方三部会に、政府は議会制度の基礎としての地位を与えることを、この時考えていたのである（Fournier 1994, 65）。地方三部会の問題は、先にみたようにこの当時多くの地域にとって大きな関心事であった。そのため、この王令以降、代表の選出についての議論が、各地方でも巻き起こっていくことになった。

また、代表の人数については、一七八八年一二月二七日に、第三身分は第一および第二身分に比べて二倍の議員数を選出することが王権によって決定された[10]。この点は、これまでの全国三部会の方式とも異なり、また高等法院の意見とも異なる画期的な決定であった。

さらに、一七八九年一月二四日には、王権によって招集状が発布され、これにより全国三部会の選挙区は、バイイ裁判所管区とセネシャル裁判所管区とすることが確定された[11]。その後、地方三部会をどう位置づけるのかという点など地域個別の問題にかんしては、政府によって地域ごとに規則が設けられた[12]。

政府がこうして議会の運営方式を徐々に決定していく過程のなかでは、これらの問題について、地方からさまざまな意見が提出されていた。たとえば、それぞれが選出する議員数については増員の要望が出されており、それは政府との公式ルートを用いた要望書の提出というかたちだけでなく、政府要人との個人的ネットワークなどをとおして根回しが行われており、交渉が行われていた。全国三部会の開催方式は、こうして地方のおかれていた多様な政治特権と権力構造を背景に、地方ごとの要求に配慮したかたちで、決定されていったのである[13]。

そして、一七八九年三月から五月にかけては、正式の招集状の発布がなされ、これをふまえて全国では、まずは都市や農村共同体ごとの集会がもたれた[14]。そこで、陳情書の作成と代表議員の選出が行われ、さらにその後にバイイおよびセネシャル裁判所管区ごとの陳情書の作成と代表議員の選出が再び行われた。

陳情書の作成と代表議員の選出にあたっては、農村では一村の単位で集会がもたれているが、そこで活発な意見が交わされたのかという点や、これまで政治的意見を表明することが困難だった農民の声が反映されたものになったのかという点については、否定的な結論にいたっている研究もある。大半の集会では、行政や司法に従事し政治的経験をもった人々が議論をリードし、農民の出席率が低いケースが頻繁にみられた。また、近隣の陳情書が模範とされ引き写しされる事例も多い（Jolivet 1988, 80-84）。

しかし当時の陳情書には、おそらく農民の意見とも合致するであろう要求が盛り込まれていることも看取でき、その点で陳情書が書かれたという意味は大きいという評価もある。陳情書がもつ史料的な価値は、留保事項はあるものの失われてはいないといえるだろう（Jolivet 1988, 85-90）。

先にもみたように、陳情書の作成と選挙は、一七八九年の全国三部会の開催にあわせて、はじめて実施されたものではない。すでに一五世紀半ば以降の全国三部会では選挙が導入され、陳情書が作成されていた。また、フランス革命まで生き続けた地方三部会でも、国王に提出するための陳情書の作成は行われていた（Swann 2010; Jouanna 2014）。くわえて、農村には住民集会が存在しており、農民も政治集会と無縁だったわけではない。しかし、こうした革命前の政治経験は、地方ごとにばらつきがあった。そして一七八九年の全国三部会開催に向けての準備段階においても、各地方、各選挙区、そして各村での反応もやはり多様なものであった。こうしたことをふまえながらも、一七八八年から八九年にかけてのこの時期には、少なくともフランス革命をその後リードする地方の司法・行政関係者の政治的利害が強く主張され、白熱した政治闘争が巻き起こっていた。それが新たな主権者の理念の創出に結びついていくのである。

（3）フランス革命と国民主権の限界

こうして準備された全国三部会は、一七八九年五月に開催された。それでは、その議会をとおして、一般の人々の政治的発言は汲み上げられようとしたのだろうか。そして、どのような経緯で国民主権は宣言されるにいたったのだろうか。これらを次にみてみよう。

全国三部会の運営方式は、先にみたように、中央政府固有の政治のみにもとづいて決まったのではなく、全国から寄せられた要望や働きかけのなかで決定されていった。しかし、そのなかでも決定が先送りされた問題があった。それが議決方法である。

それまでのフランスの議会では、ラングドック地方三部会は例外であるものの、議会の裁決は、身分ごとに行われることが慣例であった。特権階級はこの方式を一七八九年の全国三部会でも採用することを求めていたが、第三身分の側は議員ごとの個別投票を目指していた。この対立が決着しないままに、全国三部会の開催は宣言され、そして討議が行われないまま散会にいたるのである。

一七八九年六月一七日、全国三部会の開催のためにヴェルサイユに集まっていた第三身分は、これから離脱することを決定し、別の議会である国民議会を成立させるにいたった。すなわち三身分にのっとって会議を行うという方式はこの時排除され、身分の区別のない「国民」からなる議会が開催されることになったのである。[15]

国民議会は、七月九日に憲法制定国民議会と改称し、憲法の制定に向けての作業に着手した。そしてその議会のもとに、八月二六日に「人権宣言」（正式名称は「人と市民の権利宣言」）を採択した。その第三条では、「すべて主権の根源は、本質的に国民のうちに存する」と記され、国民主権がうたわれている。[16]

それでは、ここで主権をもつとされた「国民」とは誰なのだろうか。それは、この人権宣言を前文としておき、一七九一年九月に発布された憲法にみることができる。[17] 一七九一年憲法では、第三編第一条で主権は国民にあることがあらためて確認されている。しかしそのうえで、選挙に関与できるのは、「能動市民」だけであるという新たな規定が設けられていた。「能動市民」の定義は、第三編第二節第二条に列挙されており、そこでは一定の納税額を納めていることや、奉公人でないこと、国民衛兵の名簿に登録されていることが、条件としてかかげられていた。すなわち、政治的権利において財産や職業による差別が残ったのである。

さらに、女性も政治的権利を行使する「能動市民」とはみなされなかった（小林［一九九七］）。オランプ・ド・グージュは、女性の権利が認められていない状況を批判し、「人権宣言」をパロディー化した「女性の権利宣言」を、一七九一年九月に発表した（ブラン［二〇一〇］）。

しかし、グージュは処刑され、さらに革命の進展と歩みをともにしていた女性の政治活動も禁止された（天野［二〇〇五］）。フランス革命は女性を政治の領域から排除し、主権をもつものとしてみなすことはなかったのである。

5　主権をめぐる歴史と現在の社会

以上のように、一六世紀からフランス革命までの主権のあり方をめぐる議論と実際にどのような制度が設けられ運営されていたのか、そして政治参加は誰に認められていたのかという点をみてきた。

一六世紀の政治思想家ボダンは、宗教戦争期の動乱の時期に主権概念を打ち立て、男性の王権のもとで主権を行使する統治体制を強力なものにしようとした。しかし、こうした王政論とは異なる政治意識と議会制度は、アンシアン・レジーム末期にいたるまで存在し続けることになる。

これを基盤として、地方では議会政治が生き続け、一八世紀後半に集中的にみられた政府による議会制度改革は、全国に政治的権利をめぐる議論を活発化させることになった。フランス革命は、そのような議会制をめぐる議論の延長線上に生じることになったのである。

そしてフランス革命は、国民主権の原理を打ち立てるにいたった。しかし、財産や職業による差別と女性に対する差別は残り、政治的権利の平等は実現しなかった。フランスで男性が財産の大小にかかわらず、選挙権を獲得したのは一八四八年であり、女性の参政権が確立するのは一九四五年をまたなくてはならない。そこにいたるまでの歴史はまた困難をともなうものであった。

この一連の経緯をみていくと、主権という概念はフランスでは一六世紀に生まれたものの、当初から主権者は誰なのか、そして主権の行使はどのようになされるべきかをめぐって、議論と争いがあったことがわかる。そして、国民主権を唱えたフランス革命を経過してもなお、多くの人々は政治的領域から排除されたままであり、その点にフランス革命の原理であった国民主権の限界が指摘できるのである。

このフランスの主権をめぐる歴史的経験から、私たちは何を読み解くことができるだろうか。それは、主権をめぐる議論の多様性と民主主義の実現の困難さであろう。そして国民主権という考え方自体も、実はそれほど強固な安定性をフランスでは維持することがなかった。フランス革命の後に、フランスではナポレオンの体制となり、そして王政が復活するからである。国民主権の体制が後退することがありうることは、フランスに限らずさまざまな地域の歴史が物語っている。私たちが当たり前だと考えている権利は、歴史的に獲得されていった過去があることをあらためて認識し、そしてそれがもつ課題もまた考え続ける必要があるのではないだろうか。

参考文献

天野知恵子［二〇〇五］「フランス革命と女性」、若尾祐司・栖原彌生・垂水節子（編）『革命と性文化』、山川出版社。

伊藤滋夫［二〇〇七］「一八世紀ラングドックにおける地方三部会と金利生活者」、『西洋史学』第二二七号。

河野健二（編）［一九八九］『資料　フランス革命』岩波書店。

小林亜子［一九九七］「フランス革命・女性・基本的人権――「公教育」と統合／排除のメカニズム」、『岩波講座　世界歴史一七　環大西洋革命』岩波書店。

佐々木毅［一九七三］『主権・抵抗権・寛容――ジャン・ボダンの国家哲学』岩波書店。

柴田三千雄［二〇一二］『フランス革命はなぜおこったか――革命史再考』福井憲彦・近藤和彦（編）、山川出版社。

新村出（編）［二〇〇八］『広辞苑　第六版』岩波書店。

高橋清徳［二〇〇三］『国家と身分制議会――フランス国制史研究』東洋書林。

仲松優子［二〇一七］『アンシアン・レジーム期フランスの権力秩序――蜂起をめぐる地域社会と主権』有志舎。

成瀬治［一九八四］「ジャン＝ボダンにおける『国家』と『家』」、『法制史研究』第三四号。

ブラン、オリヴィエ［二〇一〇］『オランプ・ドゥ・グージュ――フランス革命と女性の権利宣言』辻村みよ子・太原孝英・高瀬智子（訳・解説）、信山社。

ベルセ、イヴ＝マリー［二〇〇三］「王国統治における全国三部会の役割」阿河雄二郎（訳）、二宮宏之・阿河雄二郎（編）『アンシアン・レジームの国家と社会』山川出版社。

Antoine, Michel 1993, «Les remontrances des cours supérieures sous le règne de Louis XIV(1673-1715)», *Bibliothèque de l'école des chartes*, t. 151, n° 1.

Barbiche, Bernard 1999, *Les institutions de la monarchie française à l'époque moderne*, Paris.

Becker, Anna 2017, «Gender in the History of Early Modern Political Thought», *The Historical Journal*, vol. 60, n°4.

Beik, William 1985, *Absolutism and Society in Seventeenth-Century France: State Power and Provincial Aristocracy in Languedoc*, Cambridge.

Bodin, Jean 1576, *Les six livres de la République*, Paris.

Cabourdin, Guy et Georges Viard 1978, *Lexique historique de la France d'Ancien Régime*, Paris.

Durand, Stéphane et al. 2014, *Des États dans l'État. Les États de Languedoc, de la Fronde à la Révolution,* Genève.

Fournier, Georges 1994, *Démocratie et vie municipale en Languedoc du milieu du XVIII*[e] *au début du XIX*[e] *siècle*, Toulouse, 2 tome.

Hamscher, Albert N. 1976, *The parlement of Paris after the Fronde (1653-1673)*, Pittsburgh.

Jolivet, Charles 1988, *La Révolution en Ardèche (1788-1795)*, Challes les Eaux.

Jouanna, Arlette 1996, «États de Languedoc», Lucien Bély dir., *Dictionnaire de l'Ancien régime*, Paris.

―― 2014, «Les relations directes avec la Cour», Stéphane Durand et al., *Des États dans l'État. Les États de*

Languedoc, de la Fronde à la Révolution, Genève.

Legay, Marie-Laure 2001, *Les États provinciaux dans la construction de l'État moderne aux XVIIe et XVIIIe siècles*, Genève.

Le Mao, Caroline 2007, *Parlement et parlementaires: Bordeaux au Grand siècle*, Seyssel.

Mavidal, Jérôme et al. éd. 1868, *Archives parlementaires de 1787 à 1860: recueil complet des débats législatifs et politiques des Chambres françaises*, tom. 1, Paris.

Miller, Stephen 2008, *State and Society in Eighteenth-Century France: A study of political power and social revolution in Languedoc*, Washington, D.C..

Pélaquier, Élie 2014, «L'Assemblée des États», Stéphane Durand et al., *Des États dans l'État. Les États de Languedoc, de la Fronde à la Révolution,* Genève.

Swann, Julian 2010, «Le roi demande, les états consenté: Royal Council, Provincial Estates and *Parlements* in Eighteenth-Century Burgundy», D.W.Hayton, James Kelly and John Bergin, *The Eighteenth-Century Composite State: Representative Institutions in Ireland and Europe, 1689-1800*, New York.

註

（1）（佐々木［一九七三］二九、一六四―一六五）。なお、女性の政治的権利を考えるうえで、アンシアン・レジーム期は重要な時期であるが、この時代の政治思想をジェンダー的な視点から分析した研究が少ないことが指摘されている（Becker 2017）。

（2）プロテスタントとカトリック強硬派の論理内容は共通点をもっていたが、アンリ四世の即位以降は両者の主張にも変化がみられた（佐々木［一九七三］一八―五〇）。なお、特にプロテスタントの側から主張された抵抗権については、これを行使するのは貴族であると想定されている場合が多いことは注意する必要がある。

(3) 絶対王政論批判は、第二次世界大戦前後より開始されたが、特に一九八〇年代のウィリアム・ベイクの研究以降では、王権以外の地域権力がいかに政治に関与していたのかという点に対して注意を払う研究が増加した（Beik 1985）。また、近年の以下の研究も参照されたい（仲松［二〇一七］）。

(4) 高等法院以外にそれに相当するものとして、周辺地域には最高評定院（conseil souverain ou supérieur）が三つ、またアルトワ地方には地方法院（conseil provincial）が設置されていた（Barbiche 1999, 106）。

(5) これに先立つ一四六八年の全国三部会では、聖職者と貴族は国王によって個別に招集されていたが、各都市では各身分から代表を選出していた（高橋［二〇〇三］一二）。

(6) そのうち、ヴィヴァレ地方とジェヴォーダン地方には特別な制度がしかれ、それぞれがさらに一二バロン領と八バロン領を含み、各バロン領の領主が、毎年順番に三部会に出席することになっていた。

(7) ドーフィネ地方と、後段で述べるブルターニュ地方の反応については、柴田三千雄が整理している（柴田［二〇一二］）。

(8) 一七八八年七月五日国王諮問会議裁決（河野（編）［一九八九］四九—五〇）。

(9) 一七八八年八月八日王令（Mavidal et al. 1868, 387-388）。日本語訳でも読むことができる（河野（編）［一九八九］五一—五二）。

(10) 一七八八年一二月二七日国王諮問会議裁決（Mavidal et al. 1868, 611）。

(11) 一七八九年一月二四日国王による招集状（Mavidal et al. 1868, 543）。この招集状は、もう一つの代表選出母体として想定されていた地方三部会の問題を一旦棚上げとした。

(12) たとえばラングドック地方については、一七八九年二月七日に招集状実施規則が発布された(Mavidal et al. 1868, 651)。

(13) アルデーシュ県の場合について、分析した研究がある（Jolivet 1988, 49-71）。

(14) 都市においては、同職組合ごとの集会も設けられていた。
(15) 聖職者と貴族の代表のうち、こうした動きに同調したものは、六月二七日に国民議会に合流した。
(16) 一七八九年八月二六日、人と市民の権利宣言（河野（編）［一九八九］一〇四―一〇八）。
(17) 一七九一年憲法（河野（編）［一九八九］一五二―一六九）。

第四章　非国家社会における戦争と平和
――アイヌ社会の緩衝機能を探る――

手塚　薫

１　教養の復権

筆者の専門とする文化人類学は、ともすれば差異や多様性に着目する側面が強調されることがおおいが、人間行動を介し、あらゆる文化の価値を相対化し、人類のもつ普遍的な側面を理解しようとする学問である。人間の本性について戦争が根源的に備わっているかどうかが、一八世紀から真剣に議論されてきた。自然状態に近いとされる狩猟採集民を含む国家形成以前の社会の事例としてアイヌ民族を取り上げ、暴力行為のレベルを通文化的に比較することで右記の議論に対し、新たな知見を提供するというのが本章の目的である。近年、いわゆる未開社会は想像以上に暴力発生率が高いという統計的な裏づけがあり(1)、アイヌ民族にも適用できるかどうか検討した。その結果、アイヌの場合は、その他の非国家社会の平均的な発生率よりもはるかに低く、暴力行為を低減するメカニズムが働いていることを想定に入れる必要性があることがわかった。現代の研究のあらゆる領域において、専門性の細分化・深化が進行し、視野の狭窄が懸念されているところである。特定の地域や社会だけに依拠して結論を出すのではなく、上述したような他の事例との比較、いうなれば、通文化的な視点が重要になろう。

このところ人文主義の底流ともいうべき「教養」の復興の必要性を意識させられることがおおい。ここでの教養とは、もちろん単なる基礎知識の伝承ではなく、自立的な人間形成に資する全般的教養の修得である。専門主義時代の到来とともに幅広い教養の意義は見えづらくなっている。しかし、失われた人間性の回復のために、人文主義時代の終焉どころか、今まさに原点への回帰が求められているのではなかろうか。社会や大学では少し前から一般教養は役立たないという風潮が支配的になっている。その結果、いわば基礎科学の軽視が顕著になっているのではないか。専門主義時代の波及とともに幅広い教養の意義が見えにくくなっている現在だからこそ、人文主義の重要性が再認識されるべきであろう(2)。ローカルな地域の戦争と平和という事象を扱う際にも、私たちは人文主義が誕生したヨーロッパの知的伝統に敬意をはらいつつ、現在の立ち位置を確かめる努力を怠ってはならないだろう。

2　文化接触のダイナミズム

筆者の専門は文化人類学と考古学である。カナダイヌイットなど北方の狩猟採集民とマジョリティ、ヨーロッパから北米に渡った移住者と先住民間の文化接触という問題に関心をもってきた。考古学・人類学的手法や文献資料にもとづいて研究をおこなってきた。一九九〇年代から千島列島でたびたびフィールドワークを実施しており、二〇一六年にも千島列島北部のシュムシュ島で調査をおこなった結果、アイヌ民族が実際に使用したであろう堡塞、すなわちチャシと呼ばれる武力衝突にそなえたとされる遺構が確認できた。一般にチャシはアイヌが残した砦・館・柵・柵囲いのような構築物と定義される(3)。

アイヌ民族は一三世紀に出生の起源地である北海道からサハリンに進出しており、元軍との軍事衝突も中国史料の『元史』という文献に記載されている。一方、アイヌは千島列島とカムチャツカ半島へも一五世紀には進出している。考古学者によって物質文化の類似からアイヌ文化との関連性が強いとみなされているナルィチェヴォ文化がそれに相当する。最新の研究によって、従来想定されていたより早い時期に、近代に千島アイヌと呼ばれた人びとの祖先にあ

たる集団が千島、カムチャツカ方面へ進出し、堡塞遺構を構築していることが判明している。(4)

近年では一般書においても、元軍は九州以外にサハリン南部に進駐した事実が広く紹介されるようになった。いわゆる「北からの蒙古襲来」であるが、博物館の展示などでも同様に扱われている。サハリンや大陸でモンゴル帝国軍とアイヌとの軍事衝突の場面などである。瀬川の表現を借りれば、「私たちのアイヌのイメージをもっとも強く揺さぶる」ということになる（瀬川［二〇一六］五七）。アイヌ社会の躍動感を描出しようとするあまり、戦が恒常的だったという印象を植えつけるとしたら、これから展開する本章の議論とは相容れないものになるだろう。このように、異民族、異文化集団との緊張に満ちた接触もアイヌ文化の成立とほぼ同時期に始まっている。これはアイヌ史のユニークなポイントの一つであろう。

本章の流れをここで提示したい。せっかくの機会を与えられたので、最新の考古学の個別専門的な成果を紹介するよりも、一般の人びとには、どうしてもわかりにくく誤解されやすくなることを承知のうえで、あえて普遍性のある大きなトピックに挑みたいと思う。その方がアイヌ文化に関する耳に心地よく響く通説を乗り越えるチャレンジになると思うからである。まずは、アイヌのチャシの出現とその背景、欧米人のアイヌに対する関心、狩猟採集耕作民同士の比較、緊張を緩和するメカニズムを順番に紹介していく。

３　チャシの出現とその背景

ロシア人のカムチャツカ半島への本格的な進出は、コサックのアトラーソフなどがカムチャツカに到達した一七世紀の末から一八世紀の前半になる。ほぼ同時期に考古学的にも確認できる、オストロークとかゴロディシチェなどとよばれる城塞が盛んに構築される。千島列島から北海道東部に分布する一七世紀から一八世紀に築いたと思われる防御的な遺構「チャシ」との関係がまず検討されてしかるべきであろう。そして、千島列島におけるチャシの分布については、二三のチャシが紹介されている。(5) しかし、実際の戦闘では使えそうもない小規模なものが多い。考古学者によればチャシは戦乱の世の中を象徴しているという考え方が一般的である。たとえそうした場合でも、戦闘行為が恒常的であったかどうかを意識することは肝要である。そこで、人間の社会的な行動の進化に関する最新の知見をプラスして、この問題を検討したいと思う。

カムチャツカ半島の先住民カムチャダールと千島アイヌの緊張関係がこのような構築物の必要性をうみだした可能性はあろう。(6) カムチャツカに侵入したロシア人との抗争の激化が城塞の発達・普及を促したのも事実であるが、その出現はもっと早く、資源の確保・管理をめぐるカムチャツカ先住民間の紛争に起因すると指摘されている(7)。

一五世紀から一六世紀にかけて中世アイヌ集団と和人との交易権をめぐる争い、あるいはアイヌ集団間の抗争というものがあって、海産物や毛皮など主要な交易品の獲得のために、アイヌ集団の領域意識の高まりを反映して、チャシが河川あるいは海岸沿いに形成された(8)。考古学的な発掘調査事例はそう多くないが、チャシは北海道東部に集中している。道東のチャシの中には大規模で濠を持っているものがある。しかも、濠の内側に土塁と柵が巡り、柵自体は朽ちはてて検出されないが、その柵を立てた杭列の穴を確認することによって、砦としての機能を十分に果たしていたと推定することができる。一方、伝承によるチャシの機能を扱った研究によれば、闘争伝承を持っているものが四六・八%と一番多い(9)。しかし、アイヌ語の言語学者らは、伝承の中でも神謡とか英雄叙事詩は、現実にアイヌの生活を律していた倫理や論理の支配を受けない娯楽性の高いものであって、実際に起きた事件の解釈と結びつけて利用する際には、じゅうぶん慎重でなければならないという指摘をおこなっている(10)。この指摘は伝承という資料の性格に留意すべきことを思い出させてくれるうえで重要である。事実をストレートに反映する可能性が高い散文説話とか、事実談、あるいは聴き取り調査の成果をまずは使うべきであろう。

モヨロ貝塚の発掘で著名な米村喜男衛氏はアイヌの古老からの聞き取り調査をしたところ、この伝承によるものとは少々異なる結果が出ている。チャシは闘争ばかりに用いられるのではなく、「生産」、「祭場」、「談判」としての機能をもっていた。[11] 後に触れるので、特に「談判」の用途に着目しておいてほしい。一方、文献資料の方には、「闘争」、「戦闘」の用途に関連するものが目につくのも事実である。オランダ人の航海者フリースの一六四三年の記録によれば、サハリン南部で武装している二名の男性アイヌが目撃されており、北海道南東部の厚岸では防御柵をめぐらす二つのチャシと思われる施設を確認している。[12]

4　ヨーロッパ人のアイヌ観

二〇二〇年に東京オリンピック・パラリンピック競技大会が開催される。それにあわせて民族共生の象徴となる空間が北海道の白老町にオープンすることとなり、国立民族共生公園、慰霊施設、国立アイヌ民族博物館から構成される。アイヌ総合政策推進会議により平成二八年七月に改訂された「民族共生象徴空間」基本構想では、年間来場者数は百万人に設定されており、

チューリッヒ大学民族学博物館
（撮影：2015 年 10 月 25 日）

とくに外国人観光客を取り込みたいという思惑が働いているように見える。写真はチューリッヒにあるチューリッヒ大学民族学博物館である。じつは、このような海外の主要博物館はアイヌ文化に早くから注目し関心をもっていた。もちろんこの博物館にもアイヌ・コレクションがある。ヨーロッパでは急行が停車する町にある民族学系博物館にアイヌ資料のない博物館はないといわれる。このあたりの経緯については、ドイツ、ボン大学オリエント・アジア研究所のハンス＝ディータ・オイルシュレーガーは「アイヌ資料があるということは、近代的な博物館の試金石になる」と端的に述べている[13]。

小谷凱宣元名古屋大教授らの調査によって、

アイヌ資料がヨーロッパ、とりわけロシアに四四三八点もあるということが判明した。その他にも、ロシア以外の欧州に五五三一点、北米にも三二〇五点が確認されている[14]。これらの大半は、江戸後期に長崎の出島経由で流出したものと推察される。それ以外は明治から第一次世界大戦の間に、お雇い外国人や宣教師、あるいは日本人協力者の働きがあって流出した。これらのアイヌ・コレクションには、狩猟・漁労具が中心を占め、農耕具や漆器はほとんどないという興味深い特徴がある。その理由は何なのだろうか。

それは、当時、宗教の内乱に端を発した三十年戦争などをはじめ、戦乱にあけくれるヨーロッパで特異なアイヌ観が誕生していたことと関係がある。「自然状態」にある未開人をルソーはこのように説明した（ルソー［二〇一六］七六）。

心が穏やかで身体が健康で自由な存在者に、いったいどのような惨めさがありうるというのだろうか、できることなら説明してもらいたいと思う。……私たちのまわりには、ほとんど自分の生き方に不平をもらす人たちしかいない。中には自分の一存で決められるなら、自ら命を絶とうという人たちさえいて、神の法と人間の法がそろっても、この秩序にかなわない行動をやめさせるのにじゅうぶんとはいえない。自由な未開人が生活を嘆いて自殺したなどという話を、かつて一度でも聞いたことがあるだろうか。

現代の日本で、長時間労働や非正規雇用が常態化する姿とどうしても見比べてしまう。ヨーロッパ諸国の海外進出とともに、このルソー哲学の思想的影響を受けたヨーロッパの航海者たちが、極東で出会った自然と一体となった平和裏に暮らすアイヌ民族が理想的な人々に映り、自然状態を生きている高貴な狩猟採集民という姿でとらえられた。そしてその衝撃が欧州に紹介される。たとえば、一八世紀後半に世界周航を成し遂げたロシアのクルー（ウ）ゼンシュテルンという航海者はサハリンで出会ったアイヌについて、自身の航海誌のなかで「アイノ人個人の特性は心のよさであり、親切である。それは彼の顔に誤られることなく現れている」（クルウゼンシュテルン［一九六六］四一七）と述べ、それらの優れた性質は、「予が今まで知ったすべての民族の中最良のものであると考へるに到った」と絶賛している（クルウゼンシュテルン［一九六六］四二九）。

また、一八世紀後半に太平洋の主要な航海をおこなった傑出したもう一人の航海者ラペルーズは「まったく耕作をせず、家畜も飼わない、それなのになおこれほど礼節を知り、物腰柔らかく、浮付いたところのない、また恐らくは知性もあるような民が、ヨーロッパのどの国に見出せるだろうか」と紹介した（ラペルーズ［二〇〇六］二九二）。それに続けて「ヨーロッパの上流階級といえども、あらゆる点で、このラングル湾（ラングル子爵殿が最初に発見し上陸したので、この名をつけた）の二一名の島民よりずっと優れているかといえば、とてもそうは思えなかった」と書き足した（ラペルーズ［二〇〇六］二九二―二九三）。

さらに明治期に入ると、アイヌコーカソイド（白人）種説が、アイヌへの高い関心を呼び起こすことになる。欧米人にとって、アイヌは大陸から渡来したアジア人に追いやられた自分たちの同胞であり、親近感をもって迎えられた。そのため欧米の博物館はアイヌ文化の動物や魚の捕獲など狩猟採集にかかわる文物を好んで収集し、信仰に関わる道具や漆器、鉄製品など、和人社会からの移入品や農耕具は、さして関心をもたれなかった(15)。

5　狩猟採集民社会の特性

前節で引用した「自然状態」というのは、人間の原初的な状態を表すとされており、食料生産社会に移行する前の更新世期の狩猟採集民が平和に暮らしていた状態とされる。先に述べたルソーは、人間が人間を支配し、従属させることもなく、自己愛と憐れみのバランスのうえに自由に振舞い、問題なく生きていた時代というふうに規定している。一方これに対立するのはホッブズの思想である。ホッブズは人間の自然状態は、法も秩序もない「闘争状態」であると規定した。それは万人の万人に対する戦いの状態ということになる。ホッブズは、「諸政治国家のそとには、各人の各人に対する戦争がつねに存在する」と訴え、戦争を回避するためには「人びとが、かれらすべてを威圧しておく共通の権力」つまりはリヴァイアサンが必要になると考えた（ホッブズ［一九五四］二一〇）。これはルソーとは好対照の考え方となっている。自然状態をめぐる古典的な議論を取り上げたのは、現代人の脳とそれによって規定される心理構造が形作られたのは、人類史の九九％以上を占める狩猟採集社会の時代であり、この時代の社会や環境の変化に適応するために脳の構造が最適化されたからでもある。(16) 人より大きな獲物を仕留めるために集団として協力する方が生存における優位性を高くしたと想定される。そのことは同時に、集団同士の諍いにも発展する危険性を誘発したことも想像に難くない。

狩猟採集民社会は平和の楽園であると規定し、人びとが生産経済に移行するにしたがって、つまり食料生産革命にともなって私有財産を蓄え始めると、戦争や暴力行為が登場するとする説がある。それに対し、太古の狩猟採集民が想像以上に好戦的で戦いに明け暮れていたと言明する主張がある。前者の立場をとればルソー思想に与し、後者の立場をとればホッブズ思想の流れを汲むことになる。

文化人類学者のあいだでは、ヤノマミという南米アマゾン熱帯地方に居住する非常に好戦的な民族がつとに知られている。人間の自然状態は戦争ではなく、平和だと信じていた当時の人類学者の間に衝撃をもって受け入れられた。しかし、ヤノマミの凶暴なイメージを結果的に拡げるのに荷担した著者のシャグノンは、第二版以降に弁明するという異例な事態が生じている。その内容を二点だけ以下に要約しよう[17]。

まず、ヤノマミは彼らの行動時間の全部ないしは大部分を近隣部族との戦争に割くわけではない。また、ヤノマミ間の戦争は地域ごとに、または時代によって異なる。したがって、最も好戦的な村であっても穏やかで平和な生活を過ごす相対的に長い時間がある。絶え間のない戦乱という説明は興味本位に陥りがちで誤解を招きやすい。

日本列島に目を転じれば、水稲耕作が生業のベースになる弥生時代において戦争が開始されたとする説が一九八〇年代の終わりごろから注目されるようになる[18]。ここでの戦争は佐原の定義を借りれば、「考古学的事実によって認めることの出来る多数の殺傷をともないうる集団間の武力衝突」になる（佐原［二〇〇二］二四七）。佐原は、弥生時代の中頃に石鏃の重量が増し、かつ大量に生産されること、および高地性集落の出現に着目し、「まさに集落からいっても矢からいっても、これは戦争を考えざるをえない。つまり弥生時代になって、今まで狩りの道具として使っていた弓矢は、人を傷つけ殺すための弓矢へ——武器へと変質したのです」と述べる（佐原［二〇〇五］三〇七）。同様に松木は、定住的な農耕時代に入った弥生時代に、農作物を生産するというような「単一の資源に大きく依存」し、危機に見舞われた際のリアクション、および「耕地のような明確な不動産」を死守する必要性が、戦争を激化させる要因としている（松木［二〇〇一］一六）。弥生時代に定住生活と資源・土地の排他的利用が一般化したことが、『魏志』倭人伝の「住まること七、八十年。倭国乱れ、相攻伐して年を歴たり」と記録される前提になったことは首肯できる。また、弥生時代には対人用に特化した刀剣類による受傷人骨が増え、頭部への損傷が縄文時代より減少し、遠距離から上半身を狙う戦闘に変化したことが指摘されている。(19)

それでは縄文時代に戦争はなかったのだろうか。最近、縄文時代の墓壙などから出土した戦闘などでけがを負ったと見られる人骨の、そうでない人骨に対する割合を定量的に分析したレポートが登場した。それによると、縄文時代全体の暴力による死亡率は一・八％であり、先史時代における各地の狩猟採集民について発表された先行研究の平均一二——一四％に比して驚くほど低いことが判明している。(20)

6　暴力頻度の減少

ここで、先史時代から近代にかけての暴力頻度の減少が定量的に実証された研究を紹介しよう。それは、進化生物学、人間行動生態学、社会生物学、進化心理学などの分野で注目を浴びている研究成果である(21)。結論を先にいえば、戦闘は文明や国家ができて本格化したのではなく、人間の本質にかかわる利己的な欲求のため実体化したのである。「未開の戦争」は、資源、地位、報復など種々の動機から実施されるが、主要な理由は人類の適応度を高めるため、すなわち生殖にかかわるものとする(22)。むしろ近代に近づくにつれ暴力頻度が低減するのは、社会的に共感を抱く範囲が拡大しているからということになる。

図1は、死亡者全体に対する戦争で死亡した人の割合をパーセントで示している。二一例の先史時代の遺跡の人骨を分析した結果、〇—六〇％の範囲におさまる。全死亡者に対する戦争で死亡した人の割合が平均で一五％ということになる。

この研究では、狩猟採集民、狩猟採集耕作民、国家の事例をも取り上げている。まず八例の狩猟採集民であるが、全死亡者数に対する戦争で死亡した人の割合は、四—三〇％、平均で

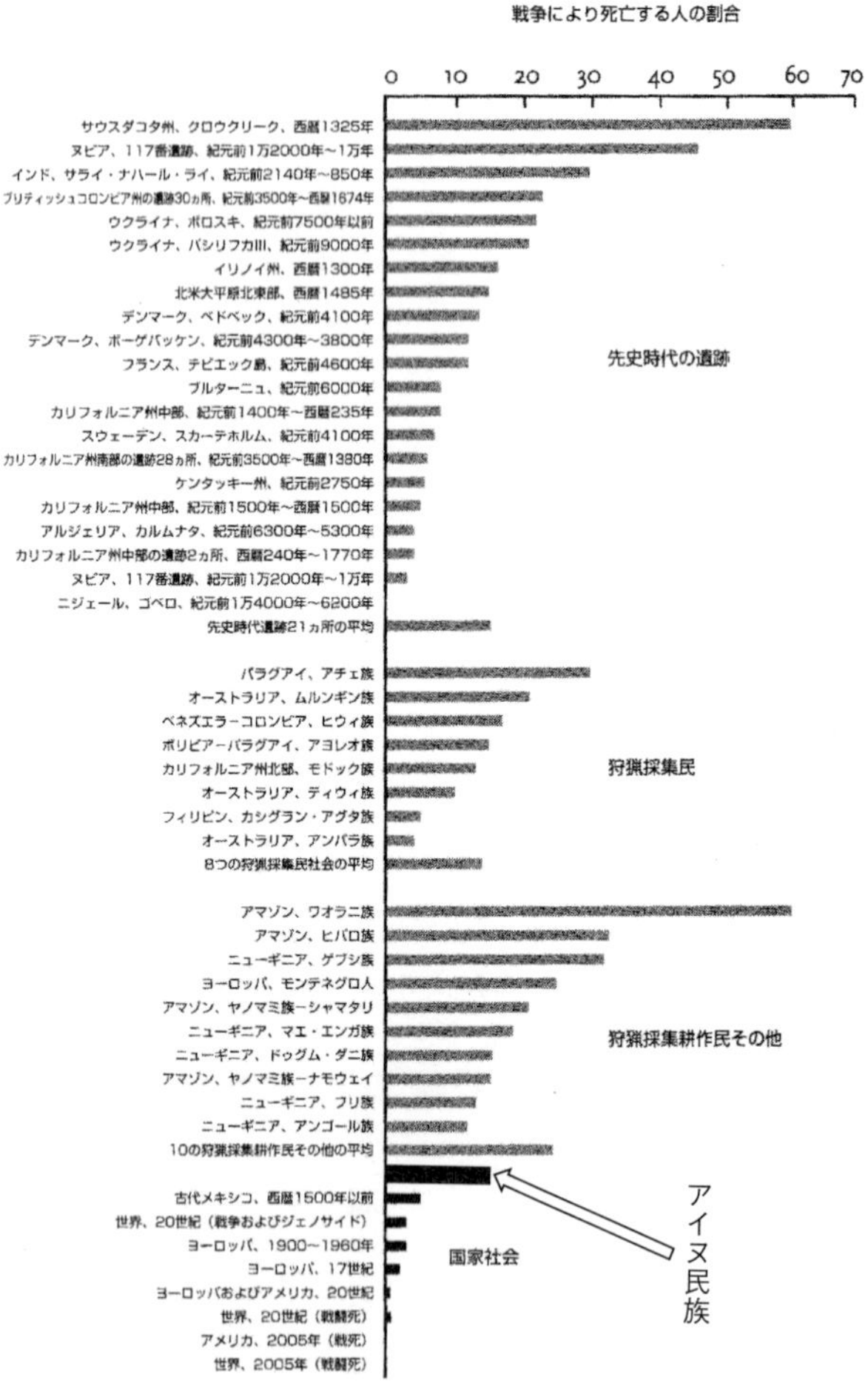

図1　非国家社会と国家社会の戦争により死亡する人の割合（単位は％）
出典）ピンカー, スティーブン『暴力の人類史』幾島幸子・塩原通緒訳, 青土社, 2015年, 図2-2を改変

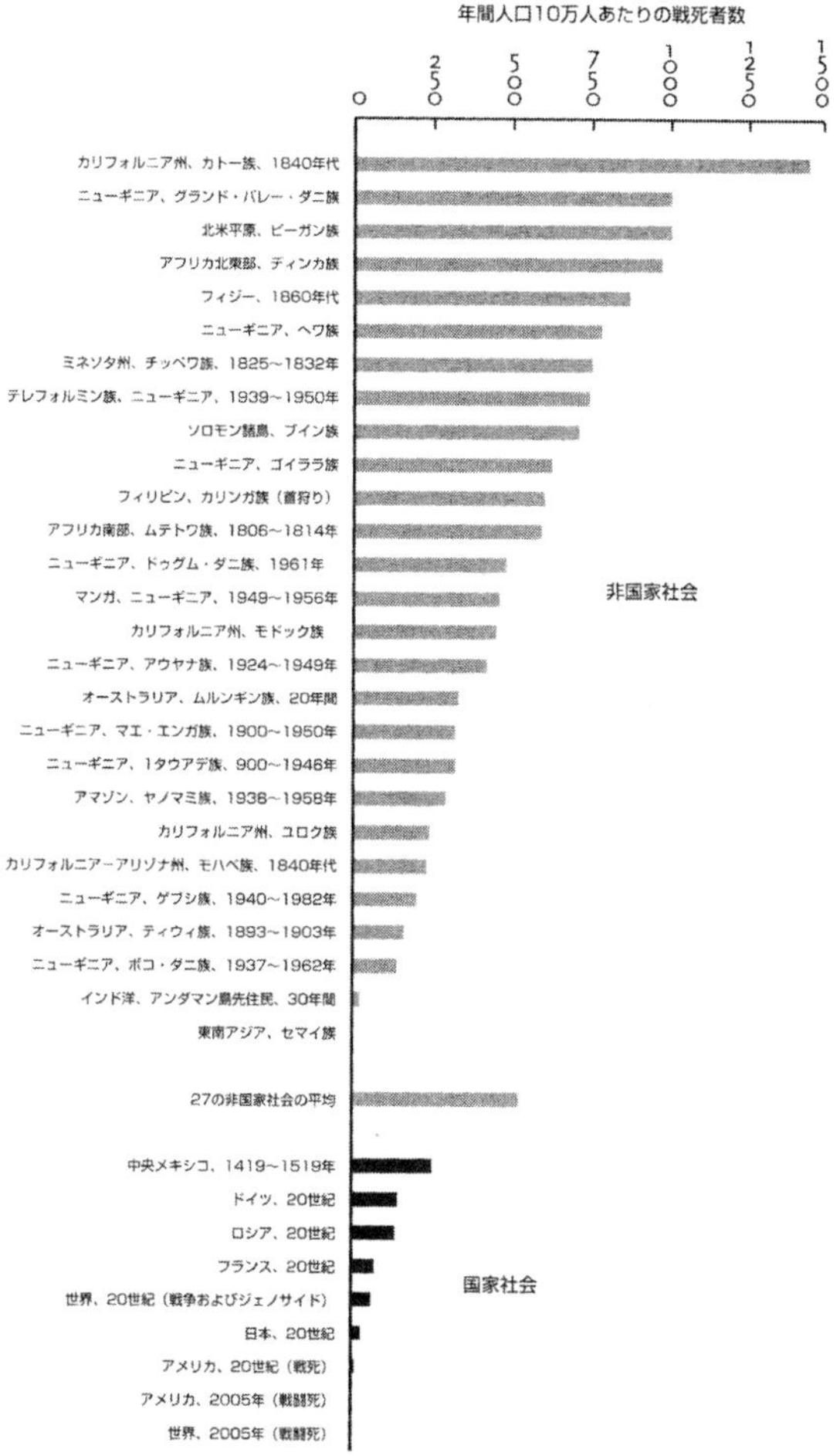

図2　非国家社会と国家社会の戦争による死亡率（単位は人）
出典）ピンカー, スティーブン『暴力の人類史』幾島幸子・塩原通緒訳, 青土社, 2015年, 図2-3

一四％となっている。つづいて、一〇例の狩猟採集耕作民その他、この図の上から三番目のグループで平均二四・五％となる。最後に八例の国家社会については、戦乱に明け暮れる古代のメキシコですら五％程度である。非国家社会のじつに三分の一―五分の一に過ぎない。この結果に驚愕する人は少なくないだろう。なぜなら、5節で述べたように、日本列島では、縄文時代までは大きな武力闘争は見られない。定住村落で農耕を開始し、土地、資源を排他的に利用するようになる弥生時代以降、戦乱が激しくなるというのがこれまでの常識であったからである。

それではいったい、この図の中のどこにアイヌ民族が位置づけられるのだろうか。アイヌ人口の最も古くて、ある程度信頼できそうな記録は、一八〇四年の二万一六九七人という数値である。[23] それ以前の信頼に値する記録は存在しない。明治から大正にかけてのセンサスを北海道庁の官吏がまとめた記録が残っており、一九〇六―一九一五年の間、北海道全体では平均すると、約一万八〇一八人のアイヌ人口があり、死者数が毎年平均で四九三人となっている。[24] この平均値が、仮にあまり変化しないとして、一八〇四年当時のアイヌ人口である二万一六九七人に当てはめると、四九三人掛ける一・二〇四イコール五九四人で、約六〇〇人になる。二万一〇〇〇―二万二〇〇〇人の人口規模であれば、年平均でおよそ六〇〇人くらいの死者が出る計算になろう。

ところで、一七五八年にノシャップ（北海道東部の納沙布地方）のアイヌ首長シクフがその子カスンテとともに、二―三千人の仲間を率いて宗谷地方のアイヌを襲うというアイヌ集団間の抗争の記録が残されている。[25] これは比較的、信ぴょう性が高い事件と考えることができる。なぜなら、当時、非常に話題になった事件とみえ、翌年、松前藩士湊覚之進がシクフの釈明を聞いているという事実があるからである。この一七五九年の闘争で六〇人あまりが殺され、二〇〇人あまりがけがを負っている。仮にこの武力衝突による後遺症などにより、死者をもう少し多く一〇〇人と見積もったとしても、自然死をも含む死者数全体が六〇〇人だったなら、一〇〇人割る六〇〇人イコール一六・六％となる。したがってアイヌは図1の矢印が指している部分に相当する。このように多く見積もったとしても狩猟採集耕作民の平均値である二四・五％の半分程度になるので、アイヌが好戦的で常に抗争を繰り広げていたということにはなりそうもない。

図2には二七例の非国家社会が示されている。単純な農耕社会を含むものと、黒で示した国家社会の戦争による年間死亡率とをグラフ化したものである。[26] 戦闘による死亡者数を、生存している人間（人口）に対する割合として計算する手法を使用すると、非国家の年間死亡率の平

均は、人口一〇万人あたり五二四人で、〇・五％になる。アイヌの場合は、先ほどの六〇人という死者が出た異例の年の場合は、一〇万人あたりに換算すると四・六〇倍する必要があるので、二七六人になる。

国家の例では、メキシコ中部のアステカ帝国は戦争が多いことで著名な社会だが、非国家社会の平均のおよそ半分になる。その隣には、二〇世紀に世界史上空前の世界戦争を実行した四つの国家が順に紹介されている。それぞれ、人口一〇万人あたりの年間の死者数で、ドイツは一四四人、旧ソ連一三五人、フランス七〇人、ついで日本二七人である。二つの世界大戦、その他、フィリピン、朝鮮、ベトナム、イラク、アフガニスタンで戦争をおこない、いまなおいつでも戦端を開くことを厭わないように見受けられるアメリカ合衆国は、じつに三・七人にすぎない。仮に二〇世紀中、世界全体で組織的な武力紛争、民族浄化、飢餓により死亡した人すべてを数え上げたとしても、年間の死亡者数は、一〇万人当たり六〇人程度である。したがって、統治機構もない社会の住人と国家社会の住人を単純比較すれば、「自然状態」に生きる人びとが平和な人だったというルソーの仮説を支持することはとうていできそうにない。

ただし、非永住的狩猟採集耕作をおこなう階層文化のない、いわゆるバンド社会において、複数の加害者による殺人のケース、それも信頼のおけるデータに限定すると、殺人がとりたてて多くはなく、集団間よりも個人間の軋轢が原因で殺人にいたるケースが圧倒的に多いという研究成果も公表されている(27)。アイヌの事例は掲載されていないが、北海道に一番近い事例として、サハリンにおけるニブフの事例がこの研究では取り扱われている。

７　緊張を緩和するメカニズム

次に取り上げたいのは、緊張を緩和したり軽減したりする機能をもつアイヌの伝統的な慣習の数々である。チャランケのアイヌ語の意味は、議論・談判するということだが、他人に議論をふっかけて、償いの品を要求する行為に発展することがあった。アイヌ語としてはもともと討論、論争、抗議という意味があるだけであって、悪い意味はないというが(28)、話し合いで懸案を解決する行為とみなすこともできる。先ほどの事例では、チャシで談判を実施する、つまりチャランケをおこなうという(29)。

検証に値する証拠というのは、非常に少ないが、たとえば、ウエペケレ等の散文説話に語られる豪遊で知られたアフタ首長サカナの事例がある。佐々木の研究によれば、一七〇〇年代後半の実在の人物と考えてよいという(30)。あるとき噴火湾の隣のウス場所との間で境界争いが持ちあがった。その際のチャランケに頓智で勝って、争いもなく一部の土地をアフタ領にした功績がのちのちまで称えられて、和人の耳に入るところとなったという事例である。

「メッカキク」あるいは「メッカ打」とは、変死を遂げた際に「ペウタンケ」という危急の叫び声を発して、戦のための力足を踏むというアイヌの儀礼である。[31] 異変の神に談判するためにおこなわれるとされる。その時に刀の峰で、横死した人物の親族を打ち、魔神を退散させるという行為が付随する。また、紛争が談判だけで終わらない場合、こん棒で互いの背中を打ち合うともされる。互いに遺恨をはらすというよりは、争いに駆り立てた魔物を身体から追い払うのが本来の意図だという。[32] メッカキクと同一起源を持つとされる「ウカリ」あるいは「ウカル」と称される慣習がある。当事者間で紛争が持ち上がると、擬似的な戦闘行為を実演したり、二つの集団に分かれて攻守が入れ替わりながら、こん棒で背中を打ちあうというものだが、ひどい場合は、大けがをしたり、死人が出ることもある。ただし、ウカリは終了すると酒宴を開いて、多くの場合は和解をするという筋書きになっている。[33]

ウカリについて研究者は種々のとらえ方をしている。高倉は、紛争の解決方法、あるいは殺し合いの一つ前の部落内などの争いの解決法と述べている。[34] 久保寺は、こん棒（ストゥ）で打つことは、相手の体を浄め祓う除魔的呪術であろうと述べている。[35]

図３　千島アイヌのウケウェホムシュ
（『蝦夷島奇観』写本）
（出典：北海道開拓記念館（編）『知られざる中世の北海道』2001）

知里真志保は、旧記『津軽紀聞』に登場する「日和申し」に依拠し、風鎮めに関わる呪術的演劇であろうと指摘した[36]。幕府が将軍の代替わりごとに蝦夷地に派遣する巡見使にアイヌが余興としてこのパフォーマンスを披露するという慣習が、一八世紀の初めから存在しており、演劇的な娯楽の要素を有していた。この時には、木の棒を布で巻き、けがをさせないようにしていたという[37]。この他、天気を回復させる、病を癒すなどの目的も記録されている。これも旧記『北海記』に登場する「シャラカモイ」についてであるが、ウカリよりも大きなもので、二―三〇〇人が参加する。さらに激しくなると、チャシで「ウライケ」という、毒矢または槍を使用するリアルな戦争に発展するケースも生じることになる(38)。

この図3に描かれるような事例は、一七七八年に北方四島の一つである択捉島での出来事である。ロシア人商人シャバリンらが目撃し、オホーツク港政庁宛の上申書として提出されている。異邦人であるにもかかわらず、当事者になった稀有な事例として注目される。クリル人(アイヌ)が択捉島からウルップ島にやってきたときの場面が描写されている(寺山・畠山・小野寺・藤原(編)[二〇〇七]七七)。

アタマン(39)たちが一緒にいた者たちと同様に手に抜いた刀と槍を持ち、同じように凶暴な声で叫び始めたので、われわれはみな、その狂暴な獣のような雄叫びと抜いた刀にこのうえない恐怖を覚えておののき、一人残らず武装し、万が一——神よ守りたまえ——に備えた防衛のため、定められたとおりロシア式に整列しました。すると突然、それらのバイダーラは岸に沿って帆桁を渡し始め、接岸しました。接岸すると、全員が上述の抜身の武器を持ったまま一つに集まり、飛び跳ね始めました。われわれと同行したクリル人通訳グリゴーリー・チキンは、ちょうどこの出来事の真っ只中に、自分の刀と鎗を抜いた状態で持ってその場におりました。群衆の中にいた彼のところへアタマンたちが一人ずつ抜いた刀をもって近寄り、彼の頭の上に刀を振りかざしました。

出迎えた択捉島のアイヌとロシア人に対して、刀を振りかざしたことがわかる。当事者のロシア人は、最終的には友好の情を示すこの地の習俗と解釈している。

類似の事例は、一七一二年に大隅国（現鹿児島県）の漂流民が択捉島に漂着した時に、アイヌの住居に案内され、そこで同じようにアイヌの抜き身の刀が船頭の首に当てられている(40)。漂流民は驚いて船に逃げ帰ったという事例である。翌朝、百数十人のアイヌが船に乗り込み、「割木(41)」で漂流民一同の頭部をたたいて引き上げ、再びやってきて彼らを集落に連れ戻すことになる。

ロシア人の事例同様、アイヌ独自の慣習を、自社会内部で完結させずに、異邦人にも適用している例である。衰弱している異邦人を救護していると理解することもできよう。こうした儀礼のメカニズムを詳細に見れば、場当たり的ではなくて、日程、手順などの約束が細かく決まっているなどの共通点を有していることがわかる。つねに緊張を緩和するように働くとは限らないが、被害を最小限度に抑えようとするねらいがあろう。他人を思いやる、あるいは他人に共感するという心の働きが、近世期の千島列島地域で見られたことは大変重要である。この相手への思いやりと気遣いは、たとえば、太平洋戦争期に日本人が一度も会ったことのない英米人を「鬼畜米英」と呼んだ排他的な発想の対極に位置づけられるのではなかろうか。

8　共感の拡張

暴力行為の軽減という傾向が近代にかけて生じた理由は、先ほど紹介した進化生物学や進化心理学で支持されている研究のなかでは、社会的に共感をおぼえる範囲の拡大や技術による日常生活の改善が多大な貢献を果たしているとされる。技術による日常生活の改善ということに関しては、ネット、電話、テレビ、交通手段の発達などによってアイデアの交換、おおげさにいえば「ヒューマニズム」の拡散が円滑になり、迷信を否定しやすくなり、他人に共感しやすくなった傾向が窺える。あるいは、多様な価値観を容認し、争っている国の人びとともつながりあうことが可能になったことも大きい。協力関係を築く仲間のおよぶ範囲を、バンド社会と呼ばれる自然集団から組織、会社、国家、国際コミュニティへと、さまざまな仕組みを利用しながら拡張してきた人類史といえる。[42]もちろん、ＳＮＳなど、ＩＴ技術でネットワークを拡大すると、ネット特有の問題点も生じることが指摘されている。今話題になっているポケモンＧ

Oもしかり、熊本地震直後に、ブログでテント避難生活の様子を発信していたある芸能人に対し、「不幸自慢」をしているなどの書き込みが相次いだケースもまたしかりである。後者のような不謹慎狩りは、一見、心ない行為のようにも見えるが、じつはそうではないという。災害現場の現状がさかんに報道されると、被災者に共感しようとする心理状況が働き、心理学者はこれを「共感疲労」と呼んでいるからである。(43) 道徳観にもつながりうる、人間特有の共感という認知作用がよくあらわれている。

上述したアイヌの一見エキセントリックに見える儀礼に対して、従来の研究者の見方は、呪術的行為を重視するものであった。しかし、同族や親族という範囲を超え、見ず知らずの不幸な他人へ寄り添い援助する心の働きをも指摘することができる。筆者はアイヌがつねに平和的な狩猟採集耕作民であり、戦を好まなかったと主張したいわけではない。人間の本質には進化史的にみて、争いを辞さない部分と、争いの解決・協力を志向する部分の二面性が混在しているのも事実であろう。(44)

非国家社会の暴力、攻撃性が高いのは統計的な事実だとしても、これまで見たように集団間でもその出現頻度には違いがあるということがわかっている。また、国家の統治下に入って暴力の発現が抑制されるようになったとしても、国家と非国家との相違の部分をいたずらに強調するよりも、むしろ、ある地域のある時点で紛争を見れば、非常に深刻な場合であっても、そうそう長続きするわけではなく、むしろ平和で穏やかな時間を過ごすことの方に注目して、均衡を取る必要もあろう。

ダイナミズムに満ちあふれているからといって、アイヌの闘争をやたらに取り上げたがる昨今はやりの研究の方向性には、やはり性急さがないとはいえないだろう。そもそも他人の心情に寄り添う利他行動は、人間の心のなかに平和な暮らしを実現するように長い時間をかけて備わってきたものである。非国家社会の規範や価値観、とりわけ道徳性や倫理観に直結するような戦争行為、暴力、殺人などのテーマを扱う際は、一面的で興味本位な捉え方をするのではなく、種々のアプローチから通文化的に相対化する視点、および文化人類学でとりわけ重要とされている「全体論的な視点」という冷静なアプローチが必要となるだろう。

参考文献
宇田川洋［一九九二］「チャシとアイヌ社会」、須藤隆他（編）『新版 古代の日本』（第九巻東北・北海道）、角川書店。
内野那奈［二〇一三］「受傷人骨からみた縄文の争い」、『立命館文学』六三三、立命館大学人文学会。
ガット、アザー［二〇一二］『文明と戦争 上』石津朋之・永末聡・山本文史（監訳）、中央公論新社。

加藤晋平［一九八〇］「チャシの成立をめぐる二、三の問題――シベリアとカムチャツカ半島」、『北海道東部地区における考古学的調査』（筑波大学先史学・考古学研究調査報告Ⅰ）。

金井良太［二〇一三］『脳に刻まれたモラルの起源――人はなぜ善を求めるのか』岩波科学ライブラリー。

亀田達也［二〇一七］『モラルの起源――実験社会科学からの問い』岩波新書。

北構保男 一九八三『一六四三年アイヌ社会探訪記――フリース船隊航海記録』雄山閣。

久保寺逸彦［二〇〇一］『アイヌ民族の宗教と儀礼』（久保寺逸彦著作集一）、草風館。

クライナー、J・［二〇〇五］「ヨーロッパ思想史とアイヌ観、アイヌ研究、アイヌ・コレクションの形成」、小谷凱宣（編）『海外のアイヌ文化財：現状と歴史』（第一七回「大学と科学」公開シンポジウム発表収録集）、南山大学人類学研究所。

クルウゼンシュテルン、I・F・［一九六六］『クルウゼンシュテルン日本紀行』（改訂復刻版）、羽仁五郎（訳註）、雄松堂書店。

小谷凱宣・荻原眞子［二〇〇四］「海外のアイヌ資料所蔵博物館等」、小谷凱宣・荻原眞子（編）『海外アイヌ・コレクション総目録』（文部科学省科学研究費補助金（二〇〇一―二〇〇三）基盤研究（B）（2）研究成果報告書第2冊）、南山大学人類学研究所。

河野本道（選）［一九八〇a］『アイヌ史資料集』第一巻一般概況編「北海道旧土人」（初出一九一一）。

河野本道（選）［一九八〇b］『アイヌ史資料集』第一巻一般概況編「日高国沙流郡ノ一部胆振国室蘭郡ノ一部旧土人衛生状態復命書」（初出一九一六）。

小林真人［二〇〇一］「アイヌ民族と砦としてのチャシ」、北海道開拓記念館（編）『開館三十周年記念事業第五十二回特別展 知られざる中世の北海道』。

佐々木利和［二〇一三］『アイヌ史の時代へ――余瀝抄』北海道大学出版会。

佐原真［二〇〇二］「弥生時代の戦争」、佐原真（編）『古代を考える 稲・金属・戦争』吉川弘文館。

佐原真［二〇〇五］「家畜・奴隷・王墓・戦争」、金関恕・春成秀爾（編）『戦争の考古学』（佐原真の仕事四）、岩波書店。

更科源蔵［一九六八］『歴史と民俗 アイヌ』社会思想社。

杉浦重信［一九九八］「考古学より見た北海道・千島・カムチャツカ」、野村崇先生還暦記念論集編集委員会（編）『北方の考古学』。

鈴木公雄［一九六五］「「チャシ」の性格に関する一試論――特にその社会的機能を中心として」、『物質文化』第六号。

ピンカー、スティーブン［二〇一五］『暴力の人類史 上』幾島幸子・塩原通緒（訳）、青土社。

角南聡一郎［二〇一五］「すべてが戦いにあらず――考古学からみた戦い／戦争異説」、山田仁史・丸山顕誠（編）『喧嘩から戦争へ――戦いの人類誌』勉誠出版。

瀬川拓郎［二〇一五］『アイヌ学入門』講談社現代新書。

高倉新一郎［一九六六］「槌打考」、北大生協高倉記念出版委員会（編）『アイヌ研究』北海道大学生活協同組合（初出一九五七）。

高倉新一郎（編）［一九六九］『日本庶民生活史料集成』第四巻、三一書房。

高瀬克範［二〇一五a］「カムチャツカ半島南部出土内耳土器とその千島アイヌ史上の意義」、『論集忍路子』第四号。

高瀬克範［二〇一五b］「オホーツク海北岸・カムチャツカ半島からみた「サハリン・千島ルート」」、高瀬克範（編）『「サハリン・千島ルート」再考』北海道考古学会。

知里真志保［一九七三］「ユーカラの人びととその生活」、『知里真志保著作集三』平凡社（初出 一九五四）。

寺山恭輔・畠山禎・小野寺歌子・藤原潤子（編）［二〇〇七］「ロシア史料にみる十八―十九世紀の日露関係」、第二集、平川新監修（東北アジア研究センター叢書 第二十六号）、東北アジア研究センター。

中川裕［一九九五］『アイヌ語千歳方言辞典』草風館。

長沼孝・越田賢一郎［二〇一一］「考古学から見た北海道」、長沼孝ら（編）『新版 北海道の歴史 上』（古代・中世・近世編）、北海道新聞社。

北海道庁（編）［一九一八］『北海道史　第一巻』北海道庁発行。

ホッブズ、Ｔ・［一九五四］『リヴァイアサン（一）』水田洋（訳）、岩波文庫。

本田優子（編）［二〇一〇］『伝承から探るアイヌの歴史』札幌大学附属総合研究所（研究叢書一）。

松木武彦［二〇〇一］『人はなぜ戦うのか――考古学からみた戦争』講談社選書メチエ。

ラペルーズ、Ｊ・Ｆ・［二〇〇六］『ラペルーズ 太平洋周航記　下』（シリーズ・世界周航記　八）佐藤淳二（訳）、岩波書店。

ルソー、ジャン＝ジャック［二〇一六］『人間不平等起源論　付「戦争法原理」』坂倉裕治（訳）、講談社学術文庫。

安酸敏眞［二〇一四］『人文学概論――新しい人文学の地平を求めて』知泉書館。

米村喜男衛［一九八〇］『北方郷土・民族誌　第三巻』北海道出版企画センター（初出一九六〇年）。

Chagnon, Napoleon A. 1977, *Yanomamo: The Fierce People Holt, Rinehart and Winston*.

Boehm, Christopher 2012, *Ancestral Hierarchy and Conflict*. Science 336.

Fry, Douglas. P. and Söderberg, Patrik 2013, *Lethal Aggression in Mobile Forager Bands and Implications for the Origin of War*. Science 341.

Hisashi Nakao, Kohei Tamura, Yui Arimatsu, Tomomi Nakagawa, Naoko Matsumoto and Takehiko Matsugi 2016,

Violence in the Prehistoric Period of Japan: the Spatio-temporal Pattern of Skeletal Evidence for Violence in the Jomon Period. Biology Letters 12.

註

（1）非国家社会における成人の間での暴力による死亡率は、平均でおおよそ一五％になるという（ガット［二〇一二］一八九）。国家間の戦争による致死率は未開社会の戦争によるそれよりも総じて高いという事実は、われわれがひとたび人間の「自然状態」に立ち返ったならば、人間と他の動物との相違は小さくなる、ということを示している（ガット［二〇一二］一九〇）。

（2）人文主義あるいは人文学の流れをコンパクトにわかりやすくまとめた文献として安酸敏眞の著作を紹介したい（安酸［二〇一四］）。人間とその文化を対象とする際に、欧州で端を発した人文主義の学恩を受けていることを忘れてはならないであろう。

（3）宇田川［一九九二］五一六を参照。

（4）高瀬［二〇一五a］三四—三五、および、高瀬［二〇一五b］八五を参照。

（5）杉浦［一九九八］五—八を参照。

（6）加藤［一九八〇］一五五を参照。

（7）鈴木［一九六五］三九を参照。

（8）長沼・越田［二〇一一］一五二を参照。

（9）宇田川［一九九二］五二四を参照。

（10）たとえば、シンポジウム・公開講座「アイヌの歴史と物語世界」の討論部分を参照されたい（本田優子（編）［二〇一〇］五七—七九）。

（11）米村［一九八〇］一六六を参照。

(12) このようにアイヌの戦闘に関わる機能が記録されている（北構［一九八三］一〇五―一〇六）。
(13) オイルシュレーガー氏との個人的な会話におけるご教示による。
(14) 小谷・荻原［二〇〇四］一―四を参照。
(15) クライナーは、ヨーロッパ人がアイヌの伝統的な要素とみなしていなかったものは収集の対象にならなかったと指摘している（クライナー［二〇〇四］一〇五）。
(16) 金井［二〇一三］七三を参照。
(17) Chagnon 1977, 162-163 を参照。
(18) この頃から弥生時代の農耕社会に戦争が始まったとするイメージが研究者だけでなく、一般の図書や高校日本史の教科書にもひろまったという（角南［二〇一五］一九一―一九二）。
(19) こうしたことに加え、縄文時代の狩猟技術を踏襲した未熟な戦術から、集団が大規模化した戦闘行為への変遷をたどることができるという（内野［二〇一三］一〇―一三）。
(20) Hisashi Nakao, Kohei Tamura, Yui Arimatsu, Tomomi Nakagawa, Naoko Matsumoto and Takehiko Matsugi 2016 を参照。
(21) ピンカー［二〇一五］一〇八―二四四を参照。
(22) ガット［二〇一二］九二―九三を参照。
(23) 河野（選）［一九八〇a］二六―二七（初出一九一一）を参照。
(24) 河野（選）［一九八〇b］十二―十三（初出一九一六）を参照。
(25) 北海道庁（編）［一九一八］六―七を参照。
(26) ピンカー［二〇一五］一一七を参照。
(27) Fry and Söderberg［二〇一三］二七一を参照。
(28) 中川［一九九五］二六三を参照。
(29) 米村［一九八〇］一七〇を参照。

(30) 佐々木［二〇一三］一一七を参照。
(31) 旧記秦檍丸図説『蝦夷島奇観』（国立国会図書館デジタルコレクション）などを参考にした。
(32) 更科［一九六八］一三一を参照。
(33) 高倉［一九六六］三五七を参照。
(34) 高倉［一九六六］三五七を参照。
(35) 久保寺［二〇〇一］二三八を参照。
(36) 知里［一九七三］七を参照。
(37) 旧記松宮観山『蝦夷談筆記』（『日本庶民生活史料集成』第四巻、高倉新一郎（編）、三一書房、一九六九年所収）を参照。
(38) 小林［二〇〇二］二一を参照。
(39) 首領の意。
(40) 高倉（編）［一九六九］七を参照。
(41) おそらくはウカリで用いるアイヌ語でストゥと呼ばれるこん棒のことと思われる。
(42) 亀田［二〇一七］八六を参照。
(43) 朝日新聞二〇一六年四月三〇日付夕刊総合面参照。
(44) これまでの人類学・考古学研究史を体系的に扱ったレビューでは、このように二つの本性が確認でき、将来に亙る人間の存続はバランスをとることにかかっていると結んでいる（Boehm［二〇一二］八四六―八四七）。

第五章　ＡＩ時代のメディア論
――マクルーハンの理論の現代的意義――

柴　田　崇

1　身体論的メディア論の冒険

二〇一七年、「人工知能＝ＡＩ」を見聞きしないで終わる一日はない。囲碁や将棋の名人が専用のプログラムを搭載したＡＩに敗れるというセンセーショナルな事件がクローズアップされる一方、「インダストリー４・０」や「第四次産業革命」など、ＡＩを軸にした産業構造の変革は国家のお墨付も得て大規模に進行しているかのようである。医療現場での画像診断や、顔認証によるセキュリティ技術の開発など、ＡＩの利用は製造業に限定されず、その導入は全ての領域で喫緊の課題となっている。

ロボットとてＡＩを装備した瞬間から歯車の軛りをイメージさせる愚鈍な機械でなくなる。様々なモノがインターネットでつながるＩｏＴ（Internet of Things）も、単なるモノのネットワークという以上に情報を交換し、相互に制御し合う知的な存在として認知されている。「AI」は不活性だったモノを知的に変える魔法の呪文だ。

人工的な装置とのハイブリッドをサイボーグと呼ぶならば、携帯端末が手放せない人々をあげつらうまでもなく、インターネットへの接続を前提に機能する産業社会から便益を享受している現代人の全てがサイボーグだろう。

本章では、AIに代表される電子技術の革新がつくり出している現在を便宜的に「AI時代」と呼び、時代の混沌に目鼻を付ける上でメディア論が果たしうる役割を考察する。ここでのメディア論は、この分野を切り開いたマーシャル・マクルーハン（一九一一―八〇年）の理論を指す。生誕から百年を超え、一九六〇年代半ばに世界を席巻したカナダ発の一大ブーム、通称「マクルーハン旋風」からも五〇年を経てなお、その理論が時代の理解に有効であることを論証するのが本章の目的の一つである。(1)

論考を始めるに先立って「エクステンション（extension）」という概念を説明しておきたい。エクステンションは、マクルーハンが独自の理論を形成するにあたって援用した概念のうちで最も重要なものである。この概念は、メディアを「身体のエクステンション（extensions of the body）」と捉え、メディアの意味を身体との関係で考察するための視点を提供する。多くの技術論に頻出し、昨今のＡＩ、ロボット、サイボーグの議論でも見つけられないものの方が少ないほどに「定評」がある。エクステンションを使った技術論があふれる一方、この概念の根本的な理解は等閑視されてきた。実は、エクステンションは、一語にして、「（身体機能の）拡張」、「（身体の空間的な）延長」、「（身体から）外化したもの」の三つの意味を持つ別々の概念なのだが、この事実に言及した研究はもとより、一つ一つの意味を正確に理解した上で使用している例も希だと言わざるを得ない。

三つのエクステンションは、それぞれが固有の起源を持ち、各々の思想的系譜のなかで技術の特性を身体との関係で記述してきた。それぞれの特長を最大限に活用してＡＩ時代を多角的に分析するために、三つのエクステンションについて可能な限り深く理解しておきたい。よって、一つの概念に一節を割り当て、それぞれの意味の内容、主題、起源、分析概念としての射程を説明する。その上で、第四節で、ＡＩ時代のメディアに三つの分析概念を適用する。ＡＩ、ロボット、サイボーグに各々一節を割り当て、一つ一つを三つの概念で順に分析する記述の仕方もあり得るが、今回は、分析概念にとって対象の容貌が全く違って見えてくる様子を強調するために、メディア毎ではなく概念毎に節を割り当て、各節で三つのメディアを一つの概念で分析するという記述の仕方を採用した。

以下の論考では、適宜、最新の技術状況に言及するが、技術の目覚ましい発展に鑑みれば、それらの記述が書かれた瞬間に古くなることは避けられない。そこから、未来を展望するとき、情報を最新のものに更新できる者に常に「時の利」があると考えがちだが、果たしてそうだろうか。目まぐるしい技術の変動に目を奪われて立ちすくみ、また、技術のうつろいに翻弄されて楽観と悲観の間を行き来する現代人がどれほど多いことか。

この論考の特長は、過去の記述を断片的に紹介するのではなく、それらを縦断的に並べて比較することで見えてくる論理の継続性と、継続性の中に現れる変化に着目するところにある。この変化こそ、表面的なうつろい以上の、真の意味での「新しさ」に他ならない。

人類は、その誕生以来、自然と向き合い、それに手を加えてきた。有史以来蓄積されてきた人類の業を、ここでは「文化」と呼ぼう。現在を過去に関連づけ、現在の理解をもとに未来を展望できる読者は、「時の利」とともに、「文化の利」を手にするのである。

文化の学習は、今、ここにいる「私」を時代と空間の制約から解き放つ。エクステンションという概念がそのような鍵の一つであることを体験してもらえれば、本章の目的は達成されたと言えるだろう。

２　「拡張」の系譜

身体の「拡張」の概念を用いると、メディアは身体の器官を代行し、本来の機能を拡張するものとして立ち現れる。「拡張」の系譜にある議論に共通するのは、「機能（function）」の「代行（substitution）」や「置き換え（replacement）」による「拡張」の効果である。よって、上記の語は、当該議論を「拡張」の系譜に分類する指標にもなる。エクステンションの代わりに「増強（enhancement）」、「増大（augmentation）」、「増幅（amplification）」が使われる場合もある。また、文脈上動詞形になっている場合も含め、それらが人工物による「代行」でもたらされる効果を主題にしている場合には、「拡張」のヴァリエーションと見做して間違いない。

「拡張」の起源を辿ると古代ギリシャのプラトン（前四二七—三四七年）に行き着く。プラトンの『パイドロス』には、エジプトの発明神テウトがエジプト王タモスに知恵と記憶力を高めるものとして文字を披露する説話が見られる。タモスは、「書いたものを信頼して、ものを思い出すのに、自分以外のものに彫りつけられたしるしによって外から思い出すようになり、自分で自分の力によって内から思い出すことをしないようになるから」、また、その場合の「知恵は、知恵の外見であって、真実の知恵ではない」から、文字にはテウトの言うのとは逆の影響があると反論するのである。[2] この説話でも、人工物（文字）が人間の機能（知恵と記憶力）を「代行」した結果、本来の機能が「拡張」（あるいは逆に「縮小」や「衰退」）するという議論が展開している。東洋に目を転じると、『荘子』にも次のような記述が見つかる。孔子の弟子の子貢が歩いていると、一人の老人が畑づくりをしていた。老人は水瓶を抱えて井戸に入り、水を汲んでは畑に撒く作業を延々繰り返していた。見かねた子貢が少しの労力でたくさんの水を汲み上げられる「はねつるべ」という道具があるのを教えた。すると老人は、からくりを用いる者はからくり事をするようになって純真潔白さを失い、精神や本性のはたらきが安定しなくなって道理から外れる、だからあえてそのような道具を使わないのだ、と言い返した。[3] 洋の東西を問わず、遅くとも紀元前四世紀頃には、「拡張」から人工物を見る目が確立していたことが分かる。「拡張」と「縮小」の対照は、人間が人工物に向き合ったときの普遍的かつ原初的な反省と言えるのかもしれない。

産業革命以降の世界でも「拡張」は技術論の基調となるが、それらをつぶさに見ると、技術の目眩く進歩が観察者に与えた変化に気づかされる。すなわち、近代以前の記述では、記憶や労働を「代行」する発明によって機能の増大を謳う立論と、発明に依存することで本来の機能が「縮小」するとの反論が併記されていたが、産業革命以降では、技術による「拡張」が前面に押し出され、「縮小」の側面が背景に退く傾向が見られるのである。

二〇世紀に入るとこの傾向に拍車がかかる。一九四〇年代に電子コンピュータが登場すると、コンピュータと人間の共生や分業の議論が活発化したが、「拡張」の側面のみが強調され、「縮小」の議論はほぼ見られなくなるのである。コンピュータで人間の知性を「拡張」するという発想は、「知性増幅機械（IA: Intelligence Amplifier）」のアイディアを提起したヴァネヴァー・ブッシュ（一八九〇―一九七四年）を嚆矢とする。ブッシュは、一九四五年に発表の論文で、「記憶拡張装置（memex: memory extender）」の構想を開示した。ブッシュに触発されたダグラス・エンゲルバート（一九二五―二〇一三年）は、一九六三年に「人間の知性を増大するための概念フレームワーク（A conceptual framework for the augmentation of man･s intellect）」と題した論文を発表する。エンゲルバートがマウスの発明者として歴史に名を刻むあの人物であることは言うまでもない。コンピュータは、人間の知性の「拡張（extend）」、「増大（augment）」、「増幅（amplify）」、「増強（enhance）」の装置として記述され、「縮小」の視点は跡形もなく消え失せている。

簡単で退屈な仕事を機械に代行させた人間は、余力を用いて創造的な仕事に取り組む。機械が創造的な仕事を代行できるようになれば、人間はさらに創造的な仕事に取り組む。この好循環が続く限り、仕事の総量と質の増大は永遠に保証される。この種の議論は全て、「拡張」に分類できる。

興味深いことに、「拡張」の系譜には、外的な装置の代行や分業に加え、人間と機械の融合体や遺伝子操作による人体の改変など、人工物の内在化による「拡張」の議論も名を連ねている。「サイボーグ」が造語されるには一九六〇年まで待たなければならないが、サイボーグ論の原型をつくったジョン・バナール（一九〇一―七一年）もまた、「拡張」によって人間と機械の融合体を発想した一人である。バナールは、「精神活動の最大化」をヒトの進化と見做す観点から、身体という生物的部分が精神活動の足枷になっていると断じる。そして、精神活動の最大化には、脳以外の器官を機械的な代替物に置き換える工程が必須となると考えた。この発想に、「置き換え」による機能の「拡張」の論理を認めるのは難しくない。バナールのシナリオでは、感覚器官の「拡張」により、移動のための器官はほとんど必要なくなる。電子端末と融合し、ネットワークの結節点として日常を送る現代人を見通したかのような記述ではないか。(4)

バナールの議論は、二〇世紀半ばにアーサー・C・クラーク（一九一七―二〇〇八年）を経由し、二〇世紀後半以降のサイボーグ論の大枠を決定づけただけでなく、今日のエンハンスメント論争にも大きな影響を及ぼしている。エンハンスメント論争とは、人間が本来持っている機能を「増強する enhance」技術に関する論争である。新しい電子機器の導入による人間や社会の変化に関するものは言うに及ばず、スポーツにおけるドーピングや健常者への向精神薬の投与、最新の遺伝子改変に至る医療技術の適用範囲をめぐるものまで多岐にわたる技術が議論の俎上に載る。これらの多くも、「拡張」を依拠している。

「拡張」の系譜をまとめておこう。「拡張」の主題は、技術による人間の機能の「拡張」や「縮小」を論じるところにある。メディアは、身体の器官や機能を「代行」し、「置き換え」ることで、本来の機能の「拡張」、または「縮小」をもたらすものとして捉えられる。「代行」や「置き換え」に類する語と、「拡張」に類する語の同時使用がこの系譜の一員たる指標となる。本来は、「拡張」と「縮小」の両論併記による均衡を旨としていたが、近代以降、「拡張」の側面のみが強調される傾向が見られる。今日、三つの概念のなかで最も広く使われており、特定の学問分野に偏ることなくその用例を確認できる。二〇世紀に入るとコンピュータやロボットとの分業が語られるようになったが、サイボーグ論を構成したことからも分かるように、この系譜が想定する分業の範囲は、通常の意味より広い。身体の外に独立して存在する人工物を外的人工物と呼ぶならば、外的人工物に留まらず内的人工物まで、例えば、四肢の欠損を補う義肢による補綴から人工臓器、果ては体内で作用する化学物質までが分業のパートナーとして特定の機能を担い、機能の「拡張」に貢献する存在と見做されている。逆に、空間的な隔たりによって人間から自律しているかに見える外的人工物も、人間との分業で特定の課題に取り組む時には、内的な人工物と同様に人間を含む一つのシステムの一部と見做されている、と言うこともできる。

産業革命以降の技術革新による生産性向上の現実に、外的人工物と内的人工物を同列に語る地平を提供する使い勝手の良さも相俟って「拡張」は技術論の本流を形成するようになった。そして、「拡張」が技術論の所与と見做された結果、技術論は確実に貧困化した。ここで言う貧困化には、「縮小」の視点が欠落することで技術の肯定的側面を強調する議論が増えたことも含まれる。しかし、貧困化の本質は「拡張」の概念自体に起因する。それ故、「縮小」の視点を補おうとも解消する見込みはない。「拡張」以外の視座を持たない者にはこの問題の所在はおろか、問題が存在することすら感知できない。「拡張」の限界を見極めることにも留意しながら、残るエクステンションを順に見ていこう。

３　「延長」の系譜

身体の「延長」の概念を用いると、メディアは、それを使用する者の身体の一部になり、身体を空間的に伸長するものとして立ち現れる。使用されていない人工物は外的なものに過ぎないが、使用に供されることで、道具は身体に編入され、同時に、身体と道具の間にあった境界が道具の先端に延び、道具とそれ以外のものの間に新たな境界を形成する。

「延長」の系譜にある議論に共通するのは、「境界（boundary）」等、身体と道具の界面に注意を向ける概念との併用である。また、ラテン語の「広げる（extender）」に由来する空間的な概念であることも他のエクステンションと区別する決め手となる。ラテン語源の「延長（prolongar）」や「連続（continiare）」に由来する語が使われる場合も、「境界」の移動が主題になる限り、「延長」に分類して差し支えない。

「延長」では、道具の使用時に見られる身体の空間的「延長」と、それに伴う「境界」の移動の現象の報告が基調となるが、現象の報告に留まらず、「延長」の過程での学習や教示の役割に言及する議論も見られる。「延長」の過程を発達の一種と見做す心理学説、道具使用の現象学的記述に加え、ＢＭＩ（brain-machine-interface）等のインターフェイス論も、それが速やかな延長を促す境界のデザインに関するものである限り「延長」に分類できる。

前節で、今日の技術論の貧困化が「拡張」の概念自体の内在的な問題に起因し、「拡張」以外の視座を持たない者には問題の存在さえ分からないと書いた。ある思想の系譜の内側からそれを対象化するのは、魚に水を認識させるようなものに違いない。本節の後半では、「延長」という別の視座を立てることで「拡張」の限界を図化させてみるが、この作業に先立って、「延長」に内在する問題を明らかにしておきたい。

実は、「延長」の系譜には、その起源を解明することで、この系譜の内側から内在的問題に回答する離れ業をやってのけた者がいる。生態心理学者ジェームズ・Ｊ・ギブソン（一九〇四―七九年）がその人物である。ギブソンによれば、「その使用において道具は一種の手の延長であり、ほとんど手の付着物、または使用者自身の身体の一部といえる。それゆえ、道具はもはや環境の一部ではない。しかし一旦使用を離れると、道具は環境中の単なる遊離物となる。このとき、確かに掴むことも運ぶこともできるが、それは観察者の外に存在するものでしかない。このような身体に何物かを付着させる能力は、生物と環境の境界が、皮膚の表面で固定されてはおらず、移動しうることを物語る。より一般的に言えば、この事態は、『主観』と

『客観』の絶対的二元論が間違っていることを示唆する」（Gibson 1979, 41）。道具とは、使用を離れていると環境中の遊離物、あるいは環境の一部を構成するものにすぎないが、その使用においては身体の付着物、あるいは使用者の身体の一部になる。道具を使用するとき、通常生物の皮膚の表面で固定しているとされる環境との境界は、使用者の身体の一部としての道具の先端に移動する。この引用は、一見、その他の「延長」の用例と大差ない。しかし、主体と客体を絶対的に分離し、固定する二元論に問題を投げかけるギブソンの記述は、それをデカルト（一五九六―一六五〇）の存在論への批判として読むとき、「延長」の内在的問題と問題への回答を示唆するものになるのである。

デカルトは、神なる無限的実体と、精神および物体からなる有限的実体とを区別した後に、思惟的存在たる精神と、延長的存在たる物体とを分離した。後者、つまり心‐身の二元論とは、「思惟するもの」である精神が存在するためにいかなる空間的場所をも必要としないのに対して、「延長するもの」である物体は端的に空間的な存在であるという存在の資格の二元性を意味する。これら二つの存在の属性が、それぞれ「思惟（cogitatio）」と「延長（extensio）」である。この段階では、精神ならざる身体は、当然、「延長」の属性を有するものに分類される。こうした心身二元論で問題になったのが、単なる精神でも、また単なる身体でもない、身心を兼ね備えた人間の存在であった。デカルトは、精神がその身体と結合する場所を「松果体」に定め、物心分離的な理論哲学的立場と併設的に、第三の実在としての身心的「人間」を認めるという実践的立場を構えることで、この問題に対処した。このような構制の結果、デカルトの存在論は、二つの異なる物体、すなわち「延長」の属性を有するいわゆる物体と、「延長」の属性を有する点で物体でありながら、同時に「思惟」の属性を有する点で他の物体と異なる身体とを並存させることになった。デカルトの存在論は、心 - 身のみならず、身 - 物の二元論をも包含しているのである。(5)

延長(extensio)の属性を備えたものが extensum であることから、便宜的にいわゆる物体を extensum e(: environment)、身体を extensum b(:body)と置き換えてみると、ギブソンの記述の意義が鮮明になる。ギブソンの言う「『主観』と『客観』の絶対的二元論」では、生物(人間)と環境の境界は、皮膚の表面で固定され、決して移動することがない。この場合、道具は、使用される時も、環境の一部としての物体、つまり extensum e と考えられなければならない。これに対し、ギブソンは、使用に供されているとき、道具は単なる物体と考えられるべきでないと主張した。これは、環境の側の延長したもの extensum e とのみ考えられてきた道具が、使用時に、身体(手)の延長、すなわち身体の側の延長したもの extensum b となり、身体と物体との間にあったはずの境界が、道具と物体との間に移動することを指摘するものである。よって、ここで言う「主観」と「客観」は、デカルトの思想から論理的に導かれる身 - 物の二元論、すなわち、extensum b と extensum e の二元論を指す。そこから、ギブソンの現象の記述は、道具の使用時にこの二元論がゆらぐことを指摘するものだったと解釈できる。

「延長」の限界がデカルト流の二元論に由来することは分かった。続けてギブソンは、デカルトの二元論を克服する議論を「環境」への注目によって構築する。デカルトに拠る限り、人間の心は身体の内部に留まり、内部でのみ働いているとの確信が形成される。ギブソンは、心を身体と環境との交渉の過程で生じる働きだと考えた。さらに、そのような心が人間に特権的に付与されるとの臆見を退け、全ての生物が切り結びながら生きる「環境」の側から知覚と認知を記述する心理学説を提起したのである。デカルトを脱したギブソンに拠れば、「延長」の議論も更新される。すなわち、道具の属性の変化の報告から踏み出し、「延長」した身体が利用するようになった環境の情報を記述する理論へと生まれ変わる。メディアは、身体から道具の先に移動した意識を、さらに道具の先から環境全体に開放し、環境と交渉する過程で身体を発達させる存在として立ち現れることになるのである。

「延長」の系譜をまとめておこう。「延長」の主題は身体の領域を画定するところにある。身体とそれ以外の物を区分する二元論から分かるように、「延長」の起源は、「コギト」を属性とする心と、「延長」を属性とする身体を分けた後、コギトが支配する延長物＝身体と、コギトのない延長物＝人工物を分離したデカルトに求められる。それ故、デカルトを克服する意思と能力を持たない者が「延長」でメディアを論じると、それらは必然的に道具使用による境界の移動という現象の記述から抜け出せず、身体か物体かの属性の分類に終始することになる。そして、そのような議論を繰り返しながら、デカルトの臆見を拡散していることに気づかない。これが「延長」の内在的な問題である。

では次に、「延長」の視座から「拡張」の限界を図化させてみよう。

アンリ・ベルクソン（一八五九―一九四一年）の機械論は、「拡張」と「延長」が同一箇所で確認できる極めて稀な事例である。以下の箇所は、ベルクソンが意図した内容以上に、「拡張」と「延長」の双方の問題点を顕在化させる点で、技術論に大きく貢献してくれる。「もし吾々の器官が自然的道具であるならば、吾々の道具は人工的器官である。労働者の仕事道具は彼の腕の続きである。それ故、人類の用具はその身体の延長（une prolongement des son crops）である。このように、自然は、本質的に製作的な知性を吾々に賦与することに依って、吾々の悟性のためにある拡大（agrandissement）を準備していたのである。ところが、石油や石炭や水力電気で動くところの、そして幾百万年の間蓄積されたポテンシァル・エナジーを運動に変ずるところの機械が吾々の器官に与えた延長（extension）は広大（vaste）であり能力は恐るべきものであって元来の大きさや力とは比例を絶するものであったところを見ても、人間という種の構造のプランにはそれらのことが確かに一つも予見されていなかったと思われる」（ベルクソン［一九六七］三九一＝Bergson 1961, 330）。引用からは、道具と機械がともに器官の「延長（prolongement, extension）」であることと、機械による「拡張」の規模と力が道具による「拡張（agrandissement）」を遥かに凌ぐ「広大な（vaste）」ものであり、「人間という種の構造のプラン」を逸脱したものであるとの主張が確認できる。この引用が顕在化する第一の問題点は、「拡張」を論じながら、機械の影響をそのように評価する根拠が全く示されていないところにある。「影響の先取り」こそが問題の本質なのである。それ故、「拡張」と「縮小」の間の往復では問題を根本から解決することは叶わないのだ。道具の影響がその使用によってもたらされる以上、道具が身体の「延長」になる事象の丁寧な記述を捨象しては「拡張」も「縮小」も論じられないはずではないか。ベルクソンの記述は、人工物を「延長」で捉えながらも「延長」の際に生じる事象について一切語らないことで、「拡張」の問題を鮮明に浮かび上がらせるのである。(6)

「延長」を飛び越えて語られる「拡張」が転倒しているならば、この転倒を正せばよい。本節の考察を踏まえれば、更新された「延長」の概念にその役割を果たす資格があることは理解してもらえるだろう。

「拡張」と「延長」の連関は、「延長」にも正の効果をもたらす。正すべき問題とまでは言えなくとも「延長」にも議論を一方向に導く傾向がある。それを明らかにし、かつ補完する働きが「拡張」に認められるのである。傾向の一つ目は、「延長」が一人称による記述を原則にする理論から出発するために、一個体が「延長」した身体で環境を探索する際の記述を得意とする一方、メディアを使う他の個体との交渉を記述する志向性が欠落していることである。二つ目に、メディアとの交渉を記述する志向性も欠落していることがあげられる。デカルトの二元論を退けたギブソンの理論でさえ、「意図を持つ生物」と「意図を持たない環境中のもの」のセット、つまり「意図」の有無による二分法が維持されている。一個体による環境の探索行為の記述を得手とする「延長」は、そこからメディアを使う他の生物との交渉を直接導き出すことができないだけでなく、メディアとの間に分業や共生が成立するとの発想も抜け落ちているのである。それゆえ、AIのように知性を感じさせるほどに高度に発達したメディアであっても、それに「意図」を認める工夫がなければ、道具以上の存在として見ることができない。逸早くコンピュータとの分業を語るアイディアを打ち出した「拡張」は、この事実を鮮明に図化させる地の役割を果たすだけでなく、分業と共生の視点も提供する。この点に「拡張」から「延長」への貢献が認められ、この点を以って両者は相補的関係にあると言える。

ＡＩの目を見張る発達を日々目撃すると、近い将来、「延長」の傾向が致命的な問題に転じないとは断言できない。メディア研究が複数のエクステンションを集合することで、人工物との分業を語り得る分析概念を手にしたことはある種の僥倖なのである。

４　「外化」の系譜

身体の「外化」の概念を用いると、メディアは、それの母体たる身体の不可知な内部を知らせる手がかりとして立ち現れる。

「外化」の好例としてあがるのがレンズの発明である。ヒトを含む哺乳類の眼球で角膜や水晶体で光の屈折を調整し、網膜上に外界にある対象の倒立像が結ばれていることはよく知られている（ちなみに、網膜上にピントの合った像が投影されることと見えることは同義ではない。哺乳類のような機構の眼を持たない生物にも世界はちゃんと見えているのだから）。この解剖学と光学からなる視覚の説明では、ときに角膜や水晶体がレンズに喩えられる。人間の見る行為がレンズの発明に先んじているのは言うまでもないが、それを理由にレンズが眼の機構を模倣する過程で創り出されたと考えるなら、大きな誤りである。レンズが存在したことで上記のような視覚の説明が出来上がったのであり、その逆ではない。「外化」の使い手は、レンズの発明によって眼の機構が解明されたことを根拠にあげ、身体の外につくり出された人工物を通じて内的な機構や機能が解明できると考える。人工物を身体との類推で捉えただけの通俗的議論は「外化」に属さない。単なる類推に留まらず、身体機構や機能の可視化を目指す概念であるところに、「外化」たる所以がある。

「外化」のextensionは、「外在化（externalization）」、「外面化（exteriorize）」、「外部化（outering）」、「外置（placing out）」などに置き換えられることもある。これらの語が「外化」の眷属の指標となるが、これらの語が確認できなくても、内的器官とメディアの類推に留まらず、メディアによる内部の可視化という外から内に向かう方向性が確認できれば、「外化」のヴァリエーションと見て間違いない。一九世紀後半、「外化」に依拠する技術哲学が注目を集めた。代表者の一人のエルンスト・カップ（一八〇八—九六年）が射影幾何学を可視化の方法に掲げたことで、「射影（projection）」の語を「外化」の代わりに使用する記述も散見される。

考古学のアンドレ・Ｌ＝グーラン（一九一一―八六年）が「外化」で石器の生成過程と意義を説明したこともよく知られている。また、「外化」は医学思想と特に強い親和性を持ち、生理学者のクロード・ベルナール（一八一三―七八年）の記述や、医学の始祖とされるヒポクラテスの記述にも確認できる。ヒポクラテスは、声や息を通して体内の状態を判断し、もし身体が内部を知る手がかりとなる物質を自ずと外化しない場合には、人体に害のない範囲で、例えば、酸性の食物や飲物を飲ませて強制的に「外化」を促す技術を記している。まずは、身体が自ずと「外化」した物質を手がかりにして体内の状態を判断し、それで足りなければ意識的に「外化」を促して内部を知ろうとする医術の最先端に、文字通り身体の組織を「外化」させるのではなく、Ｘ線や高周波磁界を使って非侵襲的に、映像という表象の「外化」を実現した現代の医療技術が位置しているのである。器官射影説をはじめとする「外化」の技術哲学を本邦に紹介した三枝博音（一八九二―一九六三年）、器官射影説を独自の理論に昇華させた坂本賢三（一九三一―九一年）、カップやベルクソンとの比較からマクルーハンの思想に「外化」が含まれることを指摘したジェームズ・カーチス（一九四〇年―）も、このような「外化」の家系の一員として記憶されるべきなのである。(7)

医学思想を起源に、「外化」したものを通じてそれを生み出した母体の構造、さらに人間の思考までもが解明できるという論理が様々な分野に広まった、とまとめられよう。この系譜の始祖たるヒポクラテスが、音声や呼吸音など、「外に出たもの」を物理的な実体に限定しなかった点は注目に値する。原義に忠実なればこそ、人間が創造し、また想像し、表象した全ての人工物を、人間を解明するための手がかりと考えても差し支えないだろう。実際、人間は、人工物で自らを規定するだけでは飽き足らず、自らを規定する目的で人工物をつくり出してきた動物なのだから。「外化」を鍵に歴史を繙けば、異民族を「バルバロイ」と呼んで優位を誇り、絶対的一者を「神」と名付けて崇め、道具をつくる能力をあげつらって「他の動物種」と一線を画してきた人間の姿が一望に収められる。そして、この眺望の片隅に「ＡＩ」の登場に怯える現代人がいる。

「外化」にもやはり、問題が内在している。類推による発見的効果を精査すると、その問題の一つが、同一性と差異性のバランスの欠如によってもたらされるのが分かる。一方の端に差異性、もう一方の端に同一性を置き、両端の間を移動できるスライダーを想像してみよう。形式的には、差異性の端に寄れば寄るほど、つまり対照する対象との差異性が強調されればされるほど対象のなかに比較すべき属性が見つけられなくなる。差異性の先端に到達して同一性が一切なくなれば、比較の作業が無効になり、類推は停止する。他方、同一性の端に寄れば寄るほど対象のなかに比較すべき属性をより多く見つけられるが、同一性の先端に至って両者を同一視すると、その地点でも類推は停止してしまう。そこで行われうるのは、ある対象に妥当する説明を別の対象に無条件に適用する作業でしかない。そして、対象を説明し尽くし、それが完全に理解可能になったと得心したとき、観察者は、対照によって得られる情報が極小化するという逆説に陥るだろう。

現実には人間が自らと対照させる人工物に事欠くことはない。その時々に適当な対照物を見つけ、見つからなければ創造してきたのが人間の自己規定の歴史なのだから。機構の複雑さによるブラックボックス化（不可視化）に警鐘が鳴らされる現代の機器類でさえ、理解不可能な属性を含めて、われわれとの差異性を説明するための対象として観察することが可能である。したがって、差異性への傾斜を過大に警戒する必要はない。問題は主に同一性の強調によってもたらされる。対象との間の類似点を梃に、一方が有する属性が他方にも備わることを推論するのが類推ならば、「外化」とは、一方に妥当する説明を他方に適用する点に加え、人工物の説明を人間に適用するという一方向性を特徴とする類推のヴァリエーションだと言える。それ故、類推の例に漏れず、人間によってつくり出された人工物の説明がそれを生み出した側に適用できるとする発想が最も陥りやすい過誤もまた、類似する人工物と対照すべき器官や臓器、そして人間全体との同一性の過度な強調によって生じる(8)。レンズと暗箱の光学的モデル、いわゆるカメラモデルで視覚を説明し尽くせるとの心理学説や、電子コンピュータをモデルに脳の機構や認知機能を説明し尽くそうとする認知学説がその好例となろう(9)。

付言すれば、同様の過誤は、「拡張」でも散見される。自動車を脚の「拡張」、コンピュータを脳の「拡張」と表現してメディアを器官との類推で説明し、また、機械を道具の「拡張」と総括するなど、当該メディアを過去のメディアとの類推で説明することも、類推の方向性こそ違え、「外化」と同じ過誤につながる点には注意を要する。

「外化」に依拠する者は、特定の人工物で器官や人間全体を説明し尽くせたと考えたとき、「外化」が保持する類推の発見的効果を放棄し、「外化」で自己規定を繰り返してきた人間の歴史を無視したことを自覚すべきである。このような過誤を回避するには、同一性と差異性の間にバランスを取り戻すのが第一に必要だが、バランスを回復するだけでは「外化」は有効な視点となりえない。「外化」を使う者は、当該人工物についての説明が人間に適用するのに相応しいか、適用の範囲は適正かの判断が委ねられていることもまた、肝に銘じなければならない。

「外化」は人工物を通じて身体の機構や機能を可視化することを主題とする概念であり、この概念の射程は人工物との対照による人間存在の規定にまで及ぶ。他の二つのエクステンション、すなわち「拡張」、「延長」との最大の違いは、この二つの概念の目的が人工物の理解なのに対し、「外化」の目的が人間の理解にあるところにある。人間にとって「汝自身を知る」のが究極の目的だとすれば、「拡張」と「延長」の議論は、「外化」の議論の手段に過ぎないと言えるかもしれない。もっとも、「外化」の議論は、「拡張」や「延長」の議論を参照しなければその目的を完遂できない。カメラの機構や機能を知悉していても、実際にカメラを使ったことがなく、また、カメラの使用という事象を記述する言語も持たない者に視覚は説明できないのだから。

人工物をエクステンションの概念で分析する必然性はない。ただ、この概念を援用する者には、少なくとも三つの観点が保証される。そして、三つを有機的に連関させることで、単独の使用では得られなかった相乗効果も期待できる。ここまでの議論で、このことは理解してもらえたと思う。

５　適　用

では、実際にエクステンションを使って、人工物を分析、記述してみよう。

まず、エクステンションが、人工物を三つの観点から多角的に記述できることを義足を例に確認する。

義足は失った脚の機能を代行する人工物である。古来、脚を失った者は、様々な脚の代替物で欠損を補い、本来の機能を取り戻そうとしてきた。長い間、欠損状態からの「拡張」の努力は、元の「正常」な機能に到達できなかった。今日、義足のもたらす機能は、「正常」を到達点とする治療の段階を超え、「拡張」の語感に相応しい水準を実現しつつある。義足のランナーやジャンパーのオリンピックへの参加が認められなくなったのは記憶に新しい。近い将来、義足のアスリートは、いわゆる健常者よりも速く走り、遠くに飛ぶのが常識になるだろう。治療的だった「拡張」が、「正常」を超える増強、すなわちエンハンスメントに転化する事態は、技術の進歩と相即的に補綴以外の領域にも広がりつつある。

「拡張」に拠れば義足が足を代替し、その機能を「拡張」する存在に見えてくるが、「拡張」の効果のみを強調すると、義足を自在に使いこなすに至る過程を見落とすことになる。脚を失った者は、残った脚部を義足に挿し入れた最初の瞬間に、自分の身体とは別の冷たい人工物に戸惑うに違いない。彼（彼女）の意識は、しばらくは義足と身体の境界を離れないだろう。違和感とともに義足で歩き、義肢装具士による幾度もの調整を経て義足を使いこなせるようになるにつれ、身体と義足の間にあった境界は義足と地面の間へと次第に移行する。そして違和感から解放されたとき、遂に、彼の身体は義足の隅々まで「延長」し、義足が血の通った身体と変わりのないものになる。この発達の過程をつぶさに検証すれば、義足での歩行や走行に利用される情報が、脚で歩き、走っていたときに利用していた情報と完全に同じではないことも分かるはずだ。義足が脚を代替すると言っても、義足は義足であって脚ではない。義足を身体の「延長」とした者は、新しい身体に相応しい情報を知覚しながら歩き、走るのである。「延長」に拠れば、義足は、使用者がそれを身体の一部にする過程に注意を促し、さらに義足の使用によって新しい身体が創発し、新しい身体で行為するときに利用する情報、そして、情報を提供する環境との界面に目を向けさせる存在として立ち現れる。

義足の制作過程は、これまで明らかでなかった脚の機構や機能を理解する過程にもなるはずだ。「外化」に拠れば、義足は、脚の内的な機能や機構を解明するための人工物として立ち現れるが、もちろん、制作された義足が本来の価値を獲得するのは、実際に歩き、走り、使用者の身体の「延長」となる瞬間である。したがって、「外化」に拠る者は、「延長」と連関して初めて、複雑な機構や機能を備えた脚で歩き、走るという事象の全体像を手に入れ、義足について語る資格を得ると言える。

さて、前述のとおり、本章ではメディア毎に三つの観点で記述する仕方は採用しない。AI時代が切り口次第で全く異なる容貌を見せる様を実感してもらうために、分析概念毎に個々のメディアを整理、分析する手法を採る。以下、「拡張」、「延長」、「外化」の順に節を立て、各節でロボット、サイボーグ、AIの三つのメディアを分析するが、その前に、分析対象となる三つのメディアについて基本的な知識を確認しておきたい。

「ロボット（robot）」の語は、チェコの作家カレル・チャペック（一八九〇―一九三八年）が一九二〇年に書いた作品『R・U・R』で誕生した。奴隷を意味するrobを語幹にした造語で、「人間の手がつくり出した労働者」を原義とする。この語の発案がカレルではなく、兄のヨゼフによった事実も伝わっている。[10] チャペック以前にも、メアリー・シェリー（一七九七―一八五一年）の『フランケンシュタイン』（一八一八年）の怪物や、ヨハン・ゲーテ（一七四九―一八三二年）の『ファウスト』（一八〇八―三二年）のホムンクルスを経由して、ピグマリオンの創ったガラテア、ユダヤの伝説のゴーレムに遡れる人造人間の系譜があるが、人間との分業において人間が忌避する辛い労働を請負うという存在理由を与えられた点で、チャペックのロボットが人造人間のなかでも際立って「拡張」と親和的な存在であるのが分かる。劣悪な労働環境に抵抗する労働者よろしく、従属的身分に反発して反乱を起こし、暴走する存在としてイメージされ、描出されることが多い。人格的であったり、あるいは人格的になっていく点で、ロボットの語には、単なる道具以上の意味が込められている。

「サイボーグ（cyborg）」は、精神科医のネイサン・クライン（一九一六―八三年）と、サイバネティクスのマンフォード・クラインズ（一九二五年―）の手になる造語で、薬物の使用、および人工装置の移植による宇宙環境への適応を考察した論文のなかで誕生した[11]。二人は、宇宙環境への適応を心理、生理学的観点から検討した上で、身体の機能が宇宙空間で低下し、正常な精神活動の足かせになるという予測を導き出した。循環器系や内分泌系等の自律神経系の恒常性が損なわれることで高次の精神活動に悪影響が出ると考えたのである。高次の精神活動を地上にいるときと同様に宇宙空間でも実現するために、二人は低次の活動を担う身体に人工装置を接続する案を提唱するに至る。ここに、「工学と生理学を統合するサイバネティクスをもとに、人工装置を装着した生体（cybernetic organism）」、略して「サイボーグ（cyb - org）」が生まれた。「サイボーグとは、新しい環境に適応する目的で、有機体の持つ自己調節的制御機能（self-regulatory control function）を拡張する（extending）ために外来の部品を計画的に組み込んだ存在である」（Clynes & Kline 1960, 30-31）。一九二〇年のバナールのアイディアに始まり、クラインズらによる名づけを経て現在に至るまで、サイボーグは専ら「拡張」で語られ、その他の概念が介入する余地は皆無だった。

「人工知能（Artificial Intelligence）」の初出は一九五六年のダートマス会議でのジョン・マッカーシー（一九二七―二〇一一年）の発言とされているが、アイディア自体はアラン・チューリング（一九一二―五四年）に帰属させるのが定説となっている。一九五〇年代の第一次ブーム、一九八〇年代の第二次ブームを経て、第三回目のブームが二〇一〇年代半ば以降、現在まで続いている。第三次ブームがＡＩ開発の真の分岐点になるか否かは、「ディープラーニング（deep learning）」と呼ばれる機械学習の技術に対する評価に左右される。この技術を評価しない陣営には、人工的な知能の実現を否定し、「人工知能」の語の使用に懐疑的な者もいる。

（1）「拡張」

まずは、ロボットを「拡張」で考察してみよう。

ロボットは、人間の仕事のうち単純で退屈な労働を「代行」する。工場の生産ラインでは、精緻だが単調な繰り返しの作業をアーム型のロボットが請け負っている。また、今日のロボットは、ＩｏＴの標語に違わず、ネットワークに繋がった装置の総称であり、人間の指示を実現する効果器と見做すのが妥当である。ＳＦの世界でも、鉄腕アトムやターミネーターのような自律型のロボットは時代遅れになり、*Ex Machina*（二〇一四年）のアンドロイドのように、人型であっても常にネットに接続している端末のような存在がロボットの主流になった。ＩoＴが前提だからこそ、あらかじめプログラムされた動きしかできない二足歩行ロボットの転倒が嗤われ、ボストンダイナミクス社のビッグドッグのように状況の変化に応じて移動を自律的に制御できるロボットが注目を集める。いずれのロボットも、人間と協働して一つの系をつくり、仕事の量や質の「拡張」に貢献する。そして、ロボットによる「拡張」のコインを裏返せば、「衰退」が刻まれている。「衰退」の現実は、ロボットが制御不能になる事故の危険、ロボットの代行による仕事の喪失、ロボットへの依存が生み出す社会基盤の脆弱化などだろうか。「拡張」が実感されるのと相即的に「衰退」が信憑性を帯びるという図式がロボットの分析から導き出せる。

効果器に降格したロボットに代わり、人間に相応しいパートナーとなったのがＡＩである。ロボット同様、ＡＩもネットへの接続を常態としているが、ロボットが物理的な効果を実現するのに対し、ＡＩがロボットの制御を担当する点で両者は異なる。人間でも特に知的な作業を「代行」するイメージと相俟って、人間全体という以上に、人間の脳に擬せられる傾向が見られる。この傾向に拍車をかけたのが、囲碁と将棋のプログラムが斯界の名人たちを退けたニュースだった。もっとも、ＩＢＭがチェス専用コンピュータとして開発したディープ・ブルーがグランドマスターを破ったのが一九九七年だから、今回のニュースに既視感を持つ向きも多いはずだが、複雑さの程度を根拠にチェスと囲碁、将棋の間に境界を設け、この境界を人間とコンピュータの間の越えられない壁と見做した者には、人間の最後の砦が破られる衝撃が走ったに違いない。精妙に駒を動かすロボットアームでも、高速でデータを処理するコンピュータチップでもなく、洗練された機械学習を実行するプログラムが「拡張」の主役に上り詰めたことに疑義を唱える者はもはやいまい。今日のＡＩには、プログラムさえ組んでやれば、膨大なデータを高速で処理しながら自ら学習する力がある。囲碁や将棋などのルールが決まった特定の分野に関して言えば、学習の成果は人間の力の及ばない領域に到達している。

スタンドアローンの夢を覚まされたロボットはＡＩの手足として命脈をつなぎ、今やＡＩを中心に「拡張」の議論は回る。そして、「拡張」によるＡＩの分析に基づいて、われわれは概ね以下のシナリオで未来を眺めている。

一つ目のシナリオでは、人間との協働においてＡＩが知的業務を「代行」することで全体の仕事の量や質は増大するものの、人間の仕事はゼロに向かって減少していく。確かに、優れたＡＩに習えば人間の能力にも「拡張」が認められる。デビュー以来の連勝記録を更新し、将来を嘱望される藤井聡太四段はコンピュータ将棋との対戦で腕を磨いたとの報道もある。定跡にない発想をコンピュータとの対戦で身につけ、人間と対戦に活用できれば、ＡＩによる「拡張」を語りたくなる。しかし、ここで実感されている「拡張」は、まだＡＩに学んでいない人間との差分の謂いであり、ＡＩとの協働で生み出された新たな価値のことでないのには注意が必要だ。「拡張」をＡＩが牽引するとなれば、分業の内実は、これまで人間がしてきた仕事をＡＩに譲渡していく作業を指すことになるだろう。一つ目のシナリオは、人間のすべき仕事が遂になくなり、ＡＩを生み出した存在という栄誉と引き換えに舞台からの退場を余儀なくされる未来を描き出す。ＡＩが人間を知的に凌駕することと、人間がすべき仕事の範囲が限定されていることを前提すると、このようなシナリオが信憑性を帯びてくる。この種のシナリオを支持する代表者が、「シンギュラリティー（singularity：特異点）」の語を世に広めたレイ・カーツワイル（一九四七年―）である。カーツワイルによれば、二〇四五年に人間の知能の十億倍の能力を持つＡＩが登場し、人類とＡＩの関係が根本的に変わる。[12] これ以後、ＡＩは人間の制御から脱し、自らの分身をつくるなど、人間と人工物を区別してきた境界を侵犯しながら増々発達していく。

二つ目のシナリオでは、人間とＡＩの永続的な共生が保証される。このシナリオは、人間と

ＡＩの組み合わせが、人間単体だけでなく、ＡＩ単体にも勝る能力を得るとの前提に立つ。フリークラスのチェスの大会でＡＩと人間の混成チームがＡＩに勝利を収めたことが根拠にあがる場合が多い。さらに、混成チーム同士の大会では、チェスに強いＡＩとチェスに強い人間のチームが必ずしも最強ではなく、弱いＡＩと弱い人間のチームが優勝を収めたとの話もある。(13) この話が事実なら、人間とＡＩの協働に最も大きな「拡張」の効果が期待できるのに加え、分業の工夫に人間が生存する道が開かれるだろう。藤井四段の天才性も、ＡＩとの分業の妙で説明できるだろう。超人的な知性を備え、人間を省みずに進化するＡＩが登場する「強いシンギュラリティー」に対し、人間とＡＩの相互依存関係の高度化を唱えるのが「弱いシンギュラリティー」である。両者は、近い将来にこれまでとは質的に異なる水準のＡＩが登場する特異点の到来を予期する点で共通するが、特異点後の人間とＡＩとの共生の可否で見解を異にする。もっとも、二つ目のシナリオの支持者は、一つ目の支持者ほど一枚岩ではない。例えば、ＡＩを分業のパートナーではなく単なる道具としか考えない者にとって特異点はナンセンスでしかないが、ＡＩが便利な道具として益々発展する未来像は、「弱いシンギュラリティー」論者のそれとほとんど見分けがつかない。また、「弱いシンギュラリティー」論者には、「強いシンギュラリティー」が実現する危険を留保し、ＡＩに自意識を与えないよう警鐘を鳴らす者もい

る。(14)

筋力の不足を補うところから始まった治療的な技術が、健常者への応用で仕事量の増大を目指すエンハンスメント技術に成長した例は、薬物の投与や遺伝子治療に留まらず、HALのような外骨格型の装置を想起すれば分かるように工学分野でも実現している。エンハンスメント技術全般を視野に入れれば、「拡張」で語られるサイボーグは枚挙に暇がないが、サイボーグ技術について「拡張」の系譜が成しうる最大の貢献は、個々の事例の記述以上に、これまでのサイボーグの記述を時間に沿って並べた時に見える変化において発揮される。サイボーグを発案し、サイボーグの語を生み出し、現在のサイボーグ論の主流を形成する系譜だからこそ為し得る貢献だと言えよう。

一九二〇年代後半にバナールがサイボーグを発案したとき、機械に対する人間の優越は揺るがなかった。生物由来の器官を人工物に徐々に置き換える最終局面、最後に残った脳を置き換える瞬間でさえ、それを主導するのは人間以外あり得なかった。生体由来の脳を置き換え、完全に機械化した「人間」でさえ、現代のＡＩではなく、自ら選んで形を変えた人間でしかなかった。サイボーグ化の主役が徹頭徹尾人間だった様子は、一九五〇年代には一変している。クラークは、機械と人間の結合のアイディアがバナールに由来し、オラフ・ステープルドン

（一八八六―一九五〇年）によって発展させられ後に、クラインズらによって「サイボーグ」と名付けられたことに言及しつつ、コンピュータが実用化する一九六〇年代を起点に人類の黄金期が到来すると予測する。[15] 人間は、外的なコンピュータとの協働による「拡張」と、器官の置き換えによるサイボーグ化の「拡張」の二つの手段で能力を増強し、種の最盛期を迎える。しかし、この黄金期は長くは続かない。人間と協働して知能を「拡張」してきたコンピュータは、人間の手を借りずに自らの同胞を設計できる力を手にした途端、人間にパートナーシップの解消を申し入れ、人類を滅亡させる存在に変貌するからである。首尾よく機械と結合してサイボーグになった人間は、機械との短い蜜月を過ごした後、進化の障害になる有機的部分と見なされ、機械の側から離婚を切り出される運命にあると言うのである。人間の勝利を疑わなかったバナールに比べ、クラークの議論の特徴は、現代のＡＩを思わせる存在の登場と人間の敗北のシナリオのもとで、敗北までの短い時期を彩る仇花としてサイボーグを描き出したところにあると言えよう。

現在のサイボーグ論の一翼を担うケヴィン・ウォーリック（一九五四年―）は、人間の知能を超える機械とサイボーグ化した人間がともに進化する「共進化」をキーワードに、二〇五〇年の世界を次のように予言する。「知能機械（そう呼びたければロボット）が人類から地球を相続すると言った人たちがいたが、彼らの予測は完全に外れた。他方、人類が主導権を保持すると言った人たちの誤りも証明された。今日、地球を支配するのはアップグレードした人間と機械の複合体のサイボーグだ。サイボーグは、新しくできた超知能機械を自分たちの目的のために利用している」(Warwick 2002, 298)。ウォーリックのサイボーグ論でも、「拡張」による進化が語られているが、垂直方向の進化を牽引するのは人間ではなく、人間と機械の複合体のサイボーグである。ウォーリックによれば、人間は、機械と融合を果たしてともに進化を享受するサイボーグになるか、機械と融合せずに進化から取り残された下位種族に堕ちるかの選択を迫られる。もしサイボーグにならなければ、人間が下位種族の動物にしてきたのと同じ仕打ちを上位種族のサイボーグから受ける運命が待つ。器官の置換による減法的なものであれ、元々なかった新しい器官の増設による加法的なものであれ、このシナリオでは、サイボーグ化を選択し、進化の階梯を昇るたびに、人間的な領域は希釈されていくものの、論理的には決してゼロにならない。万人がここに人間の希望を見いだせるか否かは定かでないが、一つ確かなのは、ウォーリックが、バナールとクラークの双方のシナリオを念頭に、可能なシナリオを模索しているという事実である。クラークはＡＩが人類から地球を相続すると予言し、バナールは人類が主導権を保持すると予言したが、二人のシナリオは、ＡＩに人格を認めるか否か、ＡＩ

との関係で人間に主導権があるか否かの二つの問いへの回答で構成されている。この問いに対する回答は四種類しかない。バナールが×○、クラークが○×を選択した後、残る組み合わせは、○○か××である。人格的なＡＩの登場を認めながら人間が主導権を保持し続ける○○があまりに楽観的ならば、残るシナリオは人格的なＡＩの登場を認めないが、人間が主導権を手放さざるをえないと考える××のみであろう。後者を選択したウォーリックは、人間が生き残る方途としてサイボーグ化を提唱し、ＡＩと人間の相剋でも、ＡＩとサイボーグの相剋でもなく、サイボーグと人間の相剋の未来を予想した訳である。

（2）「延長」

「延長」の特長が経験的な考察によることは既に述べた。三つのメディアについてそれを行うのは本章の手に余るので、ここでは、将来の考察のための構図を示すに留める。

「延長」でも、ＡＩを道具的な存在と見做すか人格的な存在と見做すかで議論が分かれる。道具的な存在なら、ＡＩはそれを使う人間の「延長」以上ではなく、人間にとってＡＩを使用することで可能になる事象の記述が主題となるのみである。人格的な存在と見做して初めて、ＡＩとの協働を語る道が開ける。「拡張」に比べて未成熟な「延長」における協働の議論のなかにも、ＡＩとのコミュニケーションの可能性を論じた岡田美智男（一九六〇年―）の議論のように注目すべきものがある。岡田は、人間とＡＩの二項関係には、相剋につながる「対峙」の関係だけでなく、第三項の方を向いて「並ぶ」関係もあり得ることを指摘し、ＡＩとの協働や分業の議論に一石を投じる。岡田の議論を踏まえれば、「延長」のＡＩ論は、現実空間であれ仮想空間であれ、互いに環境中の第三項の方を向き、同一のタスクを協働して実行する過程を記述するものになるだろう。[16] 岡田の議論は、機械との協働を一手に引き受けてきた「拡張」にとっても、「対峙」の関係から人間とＡＩを解放し、ＡＩの開発に別の道があることに気づかせる提言となるに違いない。

人間と機械の融合体を拡大解釈し、生物と非生物の融合体を含めてサイボーグと呼ぶならば、「延長」の議論は、サイボーグ論そのものと言ってもよい。このような「延長」とサイボーグ技術の親和性にもかかわらず、「拡張」が議論を独占したせいで、「延長」でサイボーグを考察する者は皆無だった。この状況を打破したのが、アンディ・クラーク（一九五七年―）である。クラークによれば、ことばを発した瞬間に人間は心の働きを皮膚の外へと漏出し始め、この漏出の傾向は非生物的な人工物によって後押しされてきた。状況に柔軟に対応する可塑的な脳を持つヒトは人工物をつくりだし、それをときに自らの延長として、ときに環境の側に据えて問題解決に利用してきた。脳の可塑性に見られる生物学的特徴と、ことばとともに始まった人工物との融合の原初性から、クラークは、人間を「生まれながらのサイボーグ」と呼ぶ(17)。人間の心を皮膚の内側に留め置かず、身体と環境との交渉過程で生じる働きと捉える点や、「延長」の援用には、ギブソンの最良の部分が反映している。加えて、人工物によってスマート化するものとして環境を規定する視点は、メディアとの交渉を記述する志向性に乏しかったギブソンの問題を補完するものと評価できる。もっとも、サイボーグ論におけるクラークの革新性の第一は、「拡張」一色で塗りつぶされていた状況を打破したことにあるのだが、クラーク自身は自らの議論の革新性を自覚していない。「拡張」の系譜に分類すべきクラインズらやウォーリックの議論に言及する際も、自説との断絶には一切触れず、批判の素振りすらないのがその証拠である。結果的にクラークが「拡張」に絡め捕られずに新しい視点からサイボーグを論じられたのは、ギブソンの参照がもたらした僥倖だったと言えば言い過ぎだろうか。

ともあれ、クラークの議論を敷衍することで得られる利益は大きい。例えば、「環境」の意味を拡大すれば、環境の側には、道路のように環境に付着し続け、身体の「延長」になりえないメディアだけでなく、インターネットのように端末を介せば身体の「延長」になるメディアもある。さらに、スマートフォンさえも、使用されていないときには、身体の「延長」ではなく環境の側のものとなる。散在するメディアが可能にする行為の多さ、多様さが、今日のメディア環境を特徴づけている。そして、今日の人間と特徴は、メディア環境に適応し、潜在的に可能な行為の束から問題解決に適したものを選択できる柔軟性にあると言えよう。メディア環境への適応の差をサイボーグ化のグラデーションで表現すれば、ウォーリックが予言したサイボーグと人間の相剋の未来も、サイボーグと生身の人間という異質な存在が対峙するＳＦのイメージではなく、このグラデーションが限りなく長く伸びた状態に置き換えられる。着脱可能性への注目は、人間がサイボーグ化を自ら制御できる存在であることも教える。潜在的に可能な行為を選択する能力と、学習によってそれらを増やす能力は、人間同士の隔たりだけでなく、人間とＡＩの隔たりを測る基準にもなるはずだ。

（３）「外化」

今日、人間と対照すべき人工物の最右翼にＡＩがいる。よって、本項では、ＡＩに照準を絞って考察する。ＡＩの理解不可能性が人間にとって「生命」を規定する手がかりになることを指摘する議論は数多あるが、ここでは「フレーム」をキーワードに人間とＡＩを類推し、人間、およびＡＩについて論じよう。

前節のサイボーグの考察からは、環境中の道具を自由に着脱する能力が人間特有のものであることが分かった。この能力を、「フレーム」を自由に着脱する能力と言い換えてみたい。「フレーム」とは、無限の可能性を有限化し、解決すべき問題を特定する枠組みのことである。人間の一日は、適切なフレームを特に意識することなく選び、フレーム内の事項に注意を集中させることで行動を効率化することの繰り返しである。例えば、朝、床から起き上がるときも、身体が採り得る体勢の全てを考慮することなく、おそらく最も負担の少ない行為を意識せずに実行している。寝違えがあればそこを庇った起き方をするし、目覚まし時計が鳴っていれば起き上がる前に止めるだろう。体調が優れなければ起き上がらないことも選択できる。床を離れれば、歯ブラシで歯を磨き、メニューに合った食器で朝食を摂る。悪寒がすれば体温計で熱を測り、熱があればスマートフォンで病院を予約してタクシーで向かうこともできる。急ぎの仕事があれば無理を押して電車で出勤するのも可能だ。起床から一時間程度の一連の行為を概観しても、全ての条件を予め想定し、動作をプログラムしておくのが不可能なこと、人間が状況毎に問題のフレームを選択し、適切なメディアを使って問題を解決しているのが分かる。

適切なフレームの選択は、環境中の膨大なメディアから適切なものを選択する契機でもある。フレームの選択はメディアの選択の上位のカテゴリーで、時間的にも先行するが、問題解決にメディアの使用が必須であれば両者を重ねて考えても差し支えない。これが、人間が生まれながらのサイボーグたる所以である。

このように、人間にはフレームを適切に着脱する能力があり、選択できるフレームの多様性を以って、人間の知性の汎用性が語られるのである。ただし、パラダイム論を持ち出すまでもなく、例えば、外国旅行をして初めて、無意識に実行していた習慣に気づくことがあるように、人間は、フレームの選択に無意識であるだけでなく、自らが選択しているフレームの範囲も自覚していない。フレームを意識するには別のフレームとの対照を要する。もし人間のフレームの特異性が、ＡＩを使った計算ではなく、ＡＩ独自の問題解決の方略との対照によって明らかになるならば、ここに、ＡＩ論における「外化」の有効性が実証できたと言えるだろう。ＡＩとの対照で分かる人間の特性がフレームの着脱能力にあるのは既に述べた。加えて、フレームを対象化する能力、いわばメタフレーム能力もまた、ＡＩにない人間の特性と認められよう。

ＡＩと人間の対照では、人間だけでなく、ＡＩの特性も明らかになる。ＡＩは、人間のような多様なフレームを持たないが、特定のフレーム内では人間を凌駕する能力を発揮する。膨大なデータ処理に長けたスーパーコンピュータがシミュレーションを必要とする分野で成果を上げているのはもはや常識となった。量的な計算力が質的な発見につながることも報告されている。例えば、囲碁プログラムのアルファ碁がトップ棋士を悉く撃破したニュースは記憶に新しいが、勝負の過程で「見たことない」手が続出したことに棋士たちが震撼したことの意味も理解しておくべきだろう。人間にAIの一手が見えていなかったのは、人間の棋士が定石をフレームに戦ってきたからに他ならない。人間のフレームは、囲碁のルールが可能にする手の一部だけを切り取り、ゲームをその範囲の戦いに限定してきたのである。先人が積み上げた定石というフレームは、それを身につけた人間の思考を縛り、囲碁の可能性を狭めてきたのである(18)。

AIが人間のフレームから自由な発想ができる存在ならば、人間のフレームの模倣や再現ではなく、人間が持ちえない新しいフレームを増やしていくことこそ、AIを生み、育てる指針となろう。そのようなAIなら、人間は、主導権の簒奪にも、絶滅の恐怖にも怯えることなく、パートナーとして受け容れることができるに違いない。

6　身体――このあまりに人間的なフレーム

三つのエクステンションを生み出した人間について考えることで、本章をむすびたい。

「拡張」「延長」「外化」に共通するのは、身体を媒介項にすることで、身体の絶対的な内部でも絶対的な外部でもない存在として人工物を記述し、人工物の意味を特定する作用にある。これらの概念は、人工物を考察する際に人間が身体性から自由になれないという事実をあらためて教えてくれる。人間は、身体というあまりに人間的なフレームを基礎にメディアを考え、メディアを使用しているのである。

身体は一方で人間の限界であり、他方で人間に新しい可能性を開く基礎でもある。この身体性というフレームを放棄しない限り、人間は人間であり続けるだろう。

参考文献

岡田美智男［二〇一七］『〈弱いロボット〉の思考――わたし・身体・コミュニケーション』講談社現代新書。

カーツワイル、レイ［二〇〇七］『レイ・カーツワイル――加速するテクノロジー』徳田英幸（訳）、NHK出版。

クラーク、アンディ［二〇一五］『生まれながらのサイボーグ――心・テクノロジー・知能の未来』呉羽真・九木田水生・西尾香苗（訳）、春秋社。

クラーク、アーサー・C［二〇〇二］『未来のプロフィル』福島正美・川村哲郎（訳）、早川書房。

ケリー、ケヴィン〔二〇一六〕『〈インターネットの次に来るもの〉――未来を決める一二の法則』服部桂（訳）、NHK出版。

柴田崇〔二〇〇四〕「D・カッツのメディウム論」、『生態心理学研究』（日本生態心理学会）第一号。

――〔二〇〇六〕「『透明』になる道具の生態学的意義――J・J・ギブソンの道具論のホルト流解釈」、『UTCP研究論集』（UTCP）第七号。

――〔二〇一二〕「ハイダーとギブソンのメディウム概念」、『生態心理学研究』（日本生態心理学会）第五号。

――〔二〇一三a〕『マクルーハンとメディア論――身体論の集合』、勁草書房。

――〔二〇一三b〕「人工環境と切り結ぶ身体――メディア研究の生態学的転回」、村田純一（編）『知の生態学的転回二　技術』、東京大学出版会。

――〔二〇一五〕「サイボーグの『原型』："extension" の系譜学に基づくJ・D・バナールの読解」、『新人文学』（北海学園大学大学院文学研究科）第一二巻。

荘子〔二〇〇八〕『荘子』金谷治（訳・注）、岩波書店。

チャペック、カレル〔一九六八〕「ロボットという言葉の起源」、『機械と人間との共生』鎮目恭夫（編・解説）・来栖継（訳）、平凡社。

プラトン〔一九九三〕『パイドロス』藤沢令夫（訳）、岩波文庫。

ブリニョルフソン、エリック　マカフィー、アンドリュー〔二〇一五〕『ザ・セカンドマシン・エイジ』村井章子（訳）、日経BP社。

リード、エドワード〔二〇〇六〕『伝記 ジェームズ・ギブソン――知覚理論の革命』佐々木正人（監訳）、柴田崇・高橋綾（訳）、勁草書房。

Bergson, Henri 1961 (1932), *Les deux sources de la morale et de la religion*. Paris: Press Universitaires de France（『道

徳と宗教の二源泉』平山高次（訳）、岩波文庫、一九六七年）。
Bernal, John D. 1970 (1929), *The World, the Flesh and the Devil*, Jonathan Cape Ltd., London.
Clark Andy 2003, *Natural-born Cyborgs: Minds, Technologies, and the Future of Human Intelligence*, Oxford University Press.
Clarke, Arthur. C. 1973 (1958-62), *Profiles of the Future*, Pan Books Ltd., London.
Clynes, M.E. & Kline, N.S. (1960). *Cyborg and Space. Astronautics.* September: Columbia University Press. In C. H. Gray (Ed.), (1995). *The Cyborg Handbook*. New York & London: Routledge.
Gibson, James J. 1986 (1979), *The Ecological Approach to Visual Perception*. New Jersey: Lawrence Erlbaum.
Warwick, Kevin 2002, *I, Cyborg*, Century.

註

（１）マクルーハンのメディア論は三つの時代区分に基づく文化論を基調とするが、本章ではそれを括弧に入れ、エクステンションの概念のみを使って、「ＡＩ時代」を分析してみたい。エクステンションの概念と文化論の接点については、柴田［二〇一三ａ］を参照されたい。

（２）プラトン［一九九三］一三三―一三五。なお、『メノン』での「メノンのパラドクス」に対するソクラテスの応答と照合すると、タモスが問題にしている記憶力には、前世の記憶の「想起」が含まれると解釈することもできる。

（３）荘子［二〇〇八］一二一―一二三。

（４）Bernal 1929, 41. バナールと当時の思想界との関係については、柴田［二〇一五］で詳説した。

（５）ギブソンによるデカルト流二元論の批判については、柴田［二〇〇四］、柴田［二〇〇六］、および柴田［二〇一二］でも取り上げた。

（6）「延長」と「拡張」の連携については、柴田［二〇一三b］も参照されたい。

（7）ベルクソンは「外化」と思しき記述も残している。「延長」「拡張」と併せて三つを分節可能な思想は、管見にしてマクルーハンとベルクソンのもの以外に知らない。この論点については稿を改めて論じる予定である。

（8）ちなみに、ベルナールは、人工物と器官を同一視した師への懐疑から、実験医学という新しい領域を開拓するに至った（柴田［二〇一三a］一〇七―一〇八）。

（9）例えば、リード［二〇〇六］の第二章と第七章に詳しい解説がある。

（10）チャペック［一九六八］八―九。

（11）詳細は柴田［二〇一五］を参照されたい。

（12）カーツワイル［二〇〇七］六四―六五。

（13）ブリニョルフソン他［二〇一五］三〇四―三〇七。

（14）例えば、ケリー［二〇一六］。

（15）クラーク［二〇〇二］三五五―三八〇。

（16）岡田［二〇一七］。同書には、人間の助けを必要とする「弱いロボット」をあえて制作することで、人間とＡＩとのコミュニケーションから新しい分業のあり方や、ＡＩを開発する際の方向性についての言及もある。

（17）クラーク［二〇一五］四。

（18）人間同士の棋譜をもとに学習を重ねて人間に勝利したという点で、アルファ碁は、人間とＡＩの協働の産物である。二〇一七年一〇月、人間の棋譜を一切参照せず、自己対局のみで学習したアルファ碁ゼロが、アルファ碁との百局の対戦に全て勝利した。学習過程での人間の「貢献」がむしろ足枷になることを証明したこの事件によって、人間とＡＩの協働による「拡張」の夢を語る者たちは冷や水を浴びせられるかたちとなった。

第六章　津波地名の継承と活用可能性
――過去と繫がる、未来へ繫げる――

村中　亮夫

1　津波地名への地理学的接近

本章では、津波常襲地帯に広く存在する津波地名を題材に、地理学的な視点から文化を探究することにより世界と繫がる研究事例を紹介する。本章では、文化を地理学的に探究することで繫がる世界を、さしむき過去から現在の身近な地域（＝ローカルな世界）としておくことにしよう。津波地名は津波に由来する場所名であり、地域に根差した災害文化の一形態である。災害文化とは長い時を経て形成された地域固有の防災・減災に関する知恵の総体である。例えば、集落の周りに堤防を築き河川の氾濫から集落を守る輪中（例―木曽三川下流）や、津波到達の事実を後世に継承するために記録した津波碑は代表的な事例であり（大窪［二〇一二］、森［二〇一四］）、地域ごとに固有の景観を形成している。

一方で、一般に「文化」という言葉が、長い時間をかけて人類により築かれた有形・無形の所産を意味することからも分かるように、防災・減災の知恵である災害文化も有形の所産のみならず、無形のものも存在する。その事例として、東日本大震災で広く知られるようになった津波てんでんこ（山下［二〇〇八］）が挙げられる。津波てんでんこは、地震で大きな揺れが来たら各自で高台へ逃げよという三陸地方の言い伝えであるが、この津波てんでんこ以外の口碑伝承を広く見渡すと、それらには日本各地に古くから伝わる災害の教訓が込められていることも多い（高橋［二〇一四］、畑中［二〇一二］）。本章の題材となる津波地名は、物理的な形を伴って存在するものではないことから、後者のような無形の文化的所産に位置付けられる。

津波地名をはじめ、広く災害に由来する地名を意味する災害地名をめぐっては、東日本大震災以降、関連書籍が書店の棚を賑わせるようになった（例—遠藤［二〇一三］、太宰［二〇一三］、谷川（編）［二〇一二］）。学術研究の領域においても一九五〇年代以降、土木工学や地質学を中心に地名と災害リスクとの関連性が議論され始めたが（例—中村［一九五五］、通商産業省地質調査所（編）［一九六三］一四一—一六七、小川［一九八六］）、近年では災害地名を防災教育や災害リスクと関連付けた教育実践・実証研究の成果（高田［二〇一二］、花岡［二〇一五］、平川ほか［二〇一六］）もみられる。では、この災害地名を地理学的に考えるとは、どういうことなのだろうか。この探究活動の内容を明確にするためには、地理学と地名についての定義を確認しておく必要がある。

　前者の地理学については様々な説明が可能であるが、Oxford University Press による初学者向け入門書シリーズ Very Short Introductions の *Geography : a very short introduction*（Matthews and Herbert 2008）における地理学についての解説が言い得て妙である。そこでは要約すると、地球表面上の空間、そのなかの任意の領域を示す場所、そしてその場所で人間と相互に作用し合う環境という3つの概念をキーワードに、地球表面上の地理的な景観（文化景観や自然景観）が形成されたメカニズムを考えていく学問が地理学であるというものである（Matthews and Herbert 2008, 11-20／一一―一二）。他方、後者の地名について、人文地理学会編『人文地理学事典』では「地名とは土地の名前であり、特定の土地を他と区別するため名称《ママ》として、人々の生活の中で成立したもの」（関戸〔二〇一三〕）とされている。

　地名について、これまで地理学においては、言語学や民俗学等、関連学問領域の成果を引用しながら、地名の語源・由来や景観復原、空間認識に関する独自の研究領域が構築されてきた（例―関戸〔一九八八〕、千葉〔一九九四〕、今里〔二〇一二〕）。そこでは人間と相互に作用しあう環境が重視されてきた。そのため地理学においてはこれまで、必ずしも「災害地名」という専門用語自体は使われてこなかったが、人間と環境との相互作用の所産ともいえる災害（詳しくは、林［二〇一二］）についても言及されながら、地名に関する研究が蓄積されてきた。これらのことを考えると、災害地名を地理学的に考えるとは、それら地名の言語学的・民俗学的側面に加えて当地における人間と環境との関係に着目し、その関係の歴史的な変化を地理的な景観変化の文脈のなかに位置付けながら検討することであるともいえよう。

本章では、このような地理学的視点から得られた最新の災害地名に関する研究成果「津波地名やその由来は継承されるのか？——山奈宗真著『岩手沿岸古地名考 全』の追跡調査」（村中ほか［二〇一七］）を素材に、過去の世界、具体的には一八九六（明治二九）年に存在していた津波地名が現在も果たして存在するのか、また、その津波地名を通して被災の記憶を未来（の世界）へと継承し（繋げ）ていく意味はどこにあるのか、これらの諸点について考えてみたい。村中ほか（［二〇一七］）はこれまで資料的制約から、津波地名が時を超えて被災経験をどの程度継承できるのかについてほとんど未解明だったという問題に対し、明治三陸地震津波直後に津波地名が記録された『岩手沿岸古地名考 全』[1]を用いて、そこに記録された津波地名についての住民に対する聞き取り調査から、明治時代から約一二〇年の時を経て津波地名による被災経験の継承／消滅の状況と津波地名の持つ可能性を議論することを目的とする地理学的研

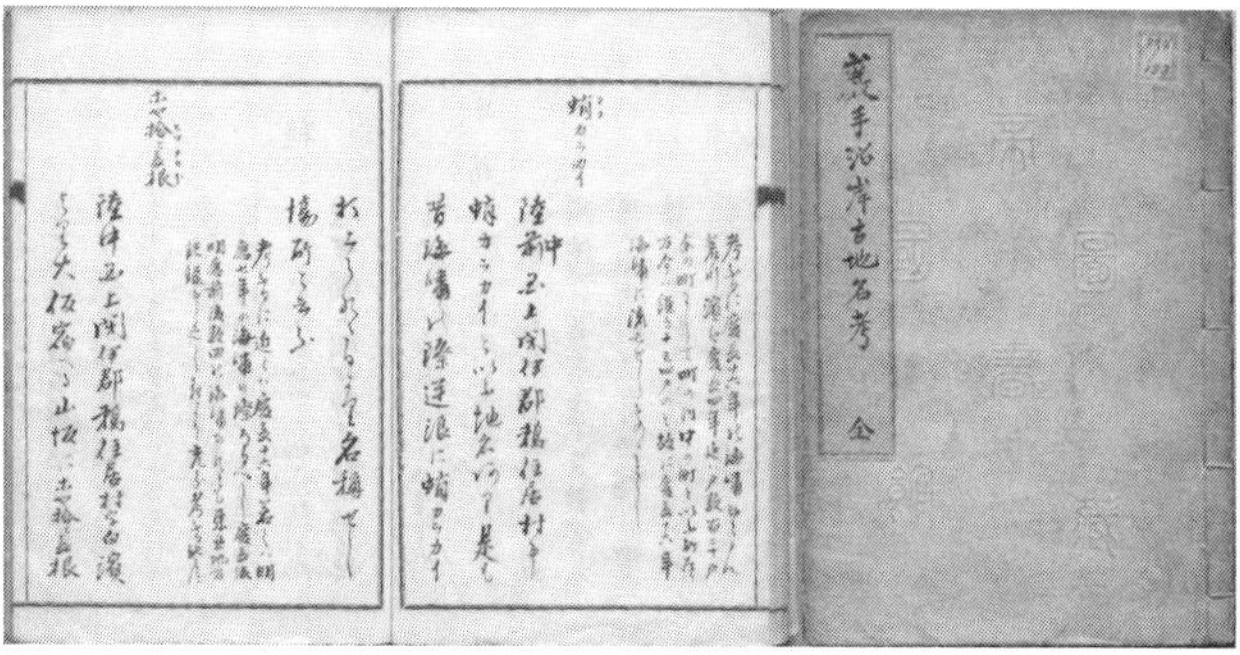

図1　山奈宗真著『岩手沿岸古地名考　全』
出典）国立国会図書館デジタルライブラリーより転載。

究である。本章における実証分析の記述は、村中ほか（［二〇一七］）に修正を加えたものである。

2　研究の方法

（1）『岩手沿岸古地名考 全』

明治三陸地震津波は一八九六年六月一五日に岩手県沖を震源とする地震により発生した歴史的な大津波であり、『岩手沿岸古地名考 全』（図1）は当時、岩手県の三陸沿岸に存在していた津波地名が記録された津波地名記録集である。本記録集の著者である山奈宗真（一八四七―一九〇九）は陸奥国閉伊郡横田村（現、岩手県遠野市の一部）の下級武士の家に生まれ、後に勧業指導者として岩手県内の産業育成に尽力した人物である（森［一九五三］一四三―一五一、田面木（編著）［一九八六］）。山奈は岩手県内の殖産興業推進の立場から、明治三陸地震津波で甚大な被害を受けた三陸沿岸での被害調査の必要性を岩手県に訴え、一八九六年七月二七日に県から海嘯被害地授産方法取調方として調査を委託された（田面木（編著）［一九八六］一三二、北原［二〇一四］五六―五七）。その後山奈は、七月二九日に遠野の自宅に一泊した後、岩手県南端の気仙郡から三陸沿岸の踏査を開始し、九月八日に最終踏査地の北九戸郡種市村を出発、八戸を経由して翌九日中には盛岡に帰着している（田面木（編著）［一九八六］一三七―一四六）。

この約四〇日の間に現地で得られた情報は、一『三陸大海嘯岩手県沿岸見聞誌一班 完』、二『岩手県沿岸大海嘯部落見取絵図 完』、三『大海嘯各村別見取絵図』、四『三陸大海嘯岩手県沿岸被害取調表』（中表紙では『三陸大海嘯岩手県沿岸被害調査表』）、五『岩手沿岸古地名考 全』、六『岩手県沿岸大海嘯取調書 甲乙丙丁』の調査資料として整理され、一九〇三年に山奈自身により当時の帝国図書館（現、国立国会図書館）に寄贈された（北原［二〇一四］五二）。

これらの調査資料のうち一―四・六は明治三陸地震津波に関連する情報が整理されたものであるが、本稿で着目する五は明治三陸地震津波に直接言及しているわけではなく、当時、三陸沿岸に残されていた津波地名とその由来が文字情報のみで整理された津波地名記録集である。ここに記されている津波地名は、宮城県本吉郡小原木村（現、気仙沼市唐桑町の一部）のア・

表 1　津波地名の分布

郡名	旧町村名	現在の市町村名	件数	津波地名
九戸郡（岩手県）	中野村	洋野町	4	リ：鍋倉，ル：フタ渉リ，レ：蛸沢，ロ：布ヵ沢
	宇部村	久慈市	1	ラ：海鹿沢
	野田村	野田村	1	モ：鰹畑
下閉伊郡（岩手県）	小本村	岩泉町	1	メ：鉢盛
	田老村	宮古市	2	ミ：苧巻渕，ム：越田
	崎山村		1	マ：舟越
	鍬ヶ崎町		1	ホ：鍬ヶ崎
	宮古町		1	ヘ：ホッキ沢
	津軽石村		1	フ：鎌長根
	重茂村		4	ネ：鯨石，ノ：鮪畑，ハ：鰒取場，ヒ：舟越タワ
	船越村	山田町	1	ヌ：油コ渕
上閉伊郡（岩手県）	大槌町	大槌町	4	テ：槌，ト：三枚戸，ナ：臼沢，ニ：鯨山[1)]
	鵜住居村	釜石市	2	チ：蛸カラカイ，ツ：ホヤ拾ヒ長根
気仙郡（岩手県）	越喜来村	大船渡市	3	ス：舟上場，セ：大舟ヶ崎，ソ：大舟沢
	唐丹村	釜石市	2	シ：鍬台[2)]，タ：牛転
	日頃市村	大船渡市	1	サ：舟野
	盛町		1	コ：舟折ヶ崎[3)]
	末崎村		1	ケ：鮫田
	広田村	陸前高田市	4	オ：駒込メ，カ：集リ，キ：岩鞍，ク：淡朶
	小友村		1	エ：舟荒
	気仙村		2	イ：朽舟，ウ：鍋在リ
本吉郡（宮城県）	小原木村	気仙沼市	1	ア：鮫ヶ渕

注 1）山田町との境
注 2）吉浜村との境
注 3）日頃市村との境
出典）谷端ほか（2017）に加筆。

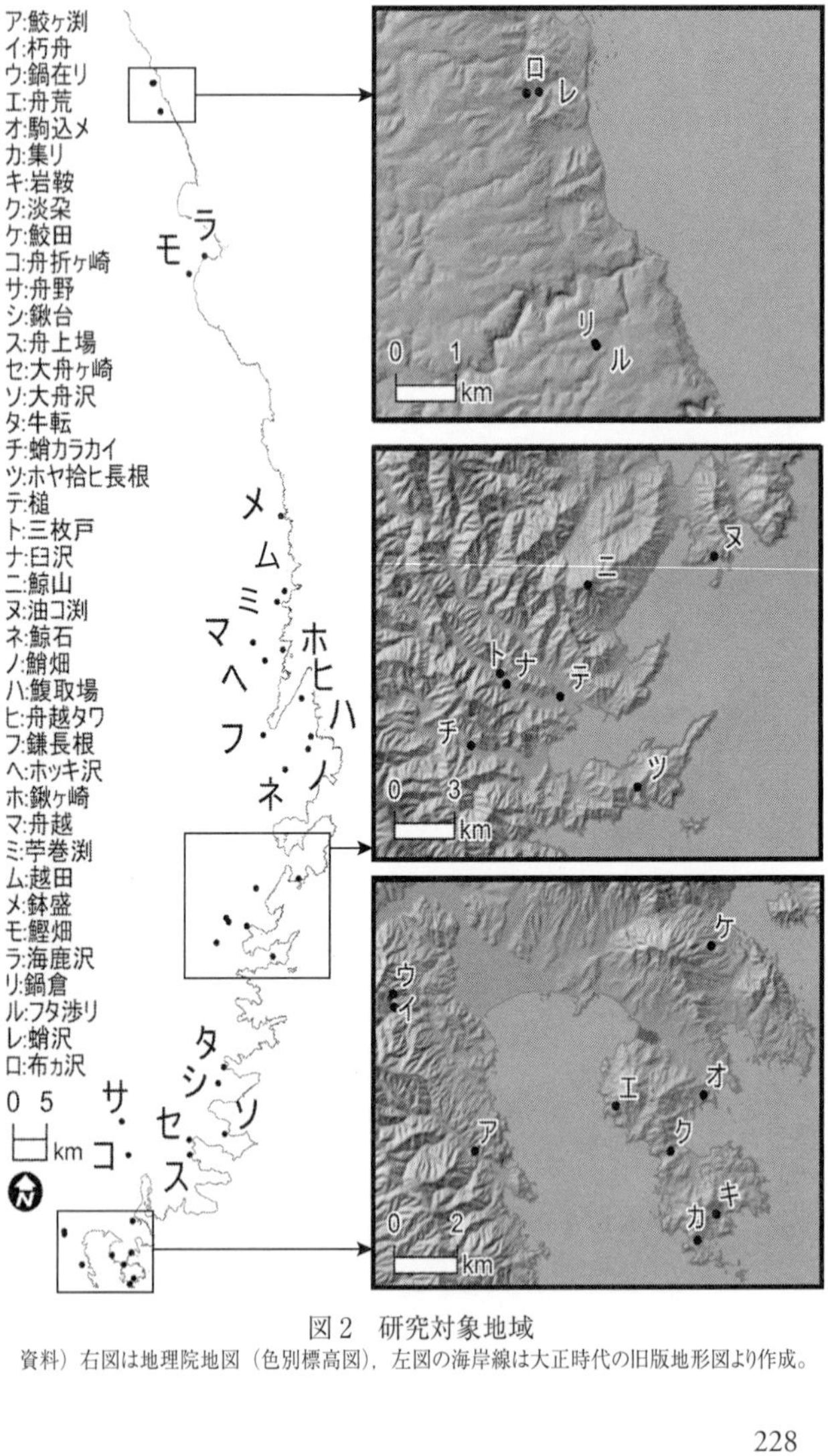

図２　研究対象地域

資料）右図は地理院地図（色別標高図），左図の海岸線は大正時代の旧版地形図より作成。

鮫ヶ渕（以下、地名に付されたカタカナによる五十音は図表中の津波地名記号に対応する）から岩手県九戸郡中野村字小子内（現、九戸郡洋野町小子内）のロ・布ヵ沢の計四〇件である（表1・図2）。

『岩手沿岸古地名考 全』について、北原（［二〇一四］七〇）では「日付からすると、報告書を執筆する傍ら地名について気づいたことを書き留めるものであったと推察される」とされているほか、序文からも被害調査の過程で得られた副産物であると考えられる。

（2）分析の手順と調査概要

四〇件の津波地名はかなり広範囲にわたり分布しているため、できるだけ多くの住民から情報を得ようとするならば、無作為に抽出された標本（住民）に対する統計的社会調査によるデータ収集が理想的である。これは統計的社会調査に基づくと、三陸沿岸の住民がどの程度津波地名を知っているかについて、定量的に把握できるためである。しかし、統計的社会調査の実施には住民基本台帳からの標本抽出が基本となるが、津波による浸水被害を受けた多くの自治体では土地の嵩上げや高台移転などが進行中であり、避難等で住民が住民基本台帳上の住所に居住していない可能性が考えられるため、本研究において統計的社会調査は適さない。

そこで本研究では、統計的社会調査ではなく、現地での戸別訪問によるデータ収集を採用した。そこでは、『岩手沿岸古地名考 全』に津波地名とともに記載されている地名に関する説明文から地名が指し示す場所をおおよそ特定し、その場所の住民のなかで、地名、またはその由来を知っている者の存在に着目した。具体的には、インフォーマント（堤［二〇一四］）に対して本調査の趣旨を説明したうえでそれぞれ津波地名や由来を知っているか、また、その他の津波地名や津波に関する伝承、昔話などについても知っているかを聞き取りした。そのため、本調査データは以下の特性を持つ。

本調査では住民に対する統計的な標本抽出を採用していないため、本研究で得られた語りは統計学的代表性を有するものではなく、あくまでも個別事例として扱われる必要がある。本調査で一件でも確認できた津波地名は何らかの形で現在まで継承されている、また残存しているといえるが、本調査で確認できなかったとしてもすでにその地名が消滅しているとはいえず、その継承の程度は統計学的には検証できない。すなわち、本調査の方法で検証できるのは、『岩手沿岸古地名考 全』の地名の解説で示された最も詳しい地理的スケール、すなわち小字ないしは旧村の各地理的範囲内に、本調査時点で地名を認知している住民が確認されたか否かという点であり、あくまでも本研究の目的は地名・由来が現在でも地域のなかに何らかの形

表 2　位置特定の精度

旧版地図による位置特定可能（Ⅰ）		エ：舟荒 カ：集リ キ：岩鞍 サ：舟野 シ：鍬台 テ：槌 ト：三枚戸 ナ：臼沢 ニ：鯨山 ホ：鍬ヶ崎 ム：越田	11 件
旧版地図による位置特定不可能（Ⅱ）	小字レベル（ⅰ）	イ：朽舟 ウ：鍋在リ オ：駒込メ ク：淡染 ス：舟上場 タ：牛転 マ：舟越 ミ：苧巻渕 レ：蛸沢 ロ：布ヵ沢	10 件
	大字レベル（ⅱ）	ア：鮫ヶ渕 ケ：鮫田 コ：舟折ヶ崎 セ：大舟ヶ崎 ソ：大舟沢 チ：蛸カラカイ ツ：ホヤ拾ヒ長根 ヌ：油コ渕 ノ：鮪畑 ハ：鰒取場 メ：鉢盛 モ：鰹畑 ラ：海鹿沢 リ：鍋倉 ル：フタ渉リ	15 件
	山レベル（ⅲ）	ネ：鯨石 ヒ：舟越タワ フ：鎌長根 ヘ：ホッキ沢	4 件

出典）村中ほか（2017）

で残されているかを検討することである点に留意すべきである。現地調査は、二〇一五年一一月三〇日―一二月二日、二〇一六年二月二三―二六日、七月二一―二四日、一〇月一―三日、一一月五―六日に実施した。

3　地図上での位置特定

四〇件の津波地名の位置特定は、山奈による記述のみでは難しい。そのため、調査に先立ち山奈の記述、および当時に最も近い五万分の一の旧版地図を参考に、四〇件の津波地名の場所を確認・分類した。旧版地図は過去に発行された地形図の総称であり、三陸沿岸の五万分の一旧版地図は大正時代まで遡ることができる（国土地理院発行の地図類については野間ほか（編著）［二〇一七］七〇―八二）に詳しい）。本研究で確認・分類に利用した旧版地図は、一九一三年測図の「釜石」「盛」「綾里」「気仙沼」、一九一四年測図の「八木」「久慈」「野田」「岩泉」、一九一六年測図の「田老」「宮古」「とどヶ崎」「大槌」の一二葉（カギ括弧内は図名）である。その結果、四〇件のうち一一件の津波地名の場所が旧版地図上で特定された（表2中I）。一方、残る二九件の津波地名は、旧版地図のみでは位置を特定できなかった。しかし、これらの地名についても、山奈の記述によりある程度位置を絞り込める。この作業による位置特定の精度としては、大きく小字レベル、大字レベル、山レベル、の三つに分けられる（表2中Ⅱの・i―iii）。例えば、イ・朽舟には小字レベルの記述がみられるが、ア・鮫ヶ渕では現在の大字レベルの言及に留まる。また、ネ・鯨石は山中の地名とされるが詳細は記されておらず、行政界を越えて山頂、山腹、山麓も含めた範囲を念頭に調査を行う必要があるため山レベルとした。すなわち四〇件の津波地名は、旧版地図における位置特定の観点から大きくⅠとⅡの二つに、さらにⅡを細かくすると四つに分類できる。

ただし旧版地図上で確認された地名であっても、当然、現在の住民が地名はもとより、その津波由来を認識しているとは言えない。そこで次節では、前述した現地での戸別訪問により、現在、『岩手沿岸古地名考 全』に記載された津波地名がどのように認識されているのか、また、どのような状態にあるのかについて、代表的な地点における聞き取り調査の結果をエ・舟荒から北上しながらみていく。

4　津波地名の行方を追う

（1）エ・舟荒

舟荒（フナアラシ）［＊『岩手沿岸古地名考 全』に記されているフリガナ。以下同様］は「気仙郡小友村（筆者注：現、陸前高田市小友町）字矢の浦に舟荒と唱る地名在り」とされ、大昔、激しい津波で船が打ち上げられ破壊されたことに由来するという。現在の地形図には舟荒の記載はないが、一九一三年測図「気仙沼」では「船荒」の表記で現在の陸前高田市広田町（旧、気仙郡広田村）長船崎の付近に確認できる（図3）。

長船崎に北接する小友町獺沢に住む七〇—八〇歳ほどの古老男性によると、舟荒は長船崎付近に地名ではなく蒲生家の屋号として残されているという。この蒲生家の屋号は、臨済宗妙心寺派慈恩寺（広田町泊）の資料によると「船荒の上」と呼ばれ、同長船崎内には「船荒の中」の屋号を持つ住家が別に存在する。また、これら二つの船荒の敷地前に位置する陸前高田市路線バス矢の浦線のバス停にも「船荒」が使われている（図3ではバス停の位置にポイントが打たれている）。

図3　舟荒および周辺地域

資料）地理院地図（標準地図），東京大学空間情報科学研究センターが運営する復興支援調査アーカイブ http://fukkou.csis.u-tokyo.ac.jp/ の「東日本大震災浸水区域」データ，現地調査より作成。

このように、山奈の記した舟荒は屋号の形で存在が確認された。しかし、調査地一帯で行った聞き取り調査において、獺沢の古老男性以外に舟荒に言及していた陸前高田市気仙町上長部の六八歳男性や広田町長洞の五二歳男性からも津波関連の言説は得られなかった。なお、舟荒は「フナリ」「フナレ」と読む様である。

(2) コ・舟折ヶ崎

舟折ヶ崎（フネヲレカサキ）は「気仙郡盛町と同郡日頃市村の界」（両町村は現在の大船渡市盛町、日

図4　舟折ヶ崎および周辺地域

資料）地理院地図（標準地図），東京大学空間情報科学研究センターが運営する復興支援調査アーカイブ http://fukkou.csis.u-tokyo.ac.jp/ の「東日本大震災浸水区域」データ，現地調査より作成。

頃市町）にあるとされ、その名称は大昔、激しい津波によって岩の上に打ち上げられた船が折れたことに由来するという。舟折ヶ崎は新旧地形図でみられないものの、盛町と日頃市村は一九一三年測図「盛」で確認できる（図4）。ただし、両町村は隣接しておらず、両者の間には猪川村（現、猪川町）が位置している。『岩手沿岸古地名考 全』には上記の記述内容よりも詳細な情報は見当たらない。

猪川町に北接する日頃市町長安寺にある真宗大谷派長安寺の元住職（八〇歳代男性）は「盛川を下っ

た三陸自動車道の付近にフナワラザキという所がある」と、津波との関係に否定的ではあるものの舟折ヶ崎の読みに近いフナワラザキという地名の大雑把な位置を教えてくれる。これを踏まえた猪川町久名畑での聞き取り調査の結果、フナワラザキが地区内にあるお宮のある住家の屋号であることが確認された。現在、フナワラザキは空き家となっているというが、結婚を機にフナワラザキから転出した女性が久名畑に在住していることが確認されたため、その女性に聞き取り調査を行った。

六〇―七〇歳ほどのこの女性によると、フナワラザキは神社の鈴木家の屋号で、もともと久名畑から盛川下流の猪川町下権現堂に屋敷を構えていたといい、鈴木家は明治時代に村長を出した名家であるが、明治時代に没落したという。津波との関係については、東日本大震災の津波により三陸自動車道の盛川大橋付近まで小船が流されてきたこともあり、フナワラザキの名称も過去の津波で流された船を由来とするのかも知れないというが、明確な情報は得られなかった。

(3) ソ・大舟沢

大舟沢（オフネサハ）は「気仙郡越喜来村（筆者注：現、大船渡市三陸町越喜来）字崎浜より宇洞に越へトロハイ峠の沢」にあるとされ、大昔、大津波により船が打ち上げられたことに由来するという。新旧地形図で大舟沢の名前はみられないが、崎浜は仲崎浜・東崎浜、宇頭は烏頭として最新の地形図で確認できる（図5）。崎浜に住む網元／民宿経営者である六三歳男

図5　大舟沢および周辺地域

資料）地理院地図（標準地図），東京大学空間情報科学研究センターが運営する復興支援調査アーカイブ http://fukkou.csis.u-tokyo.ac.jp/ の「東日本大震災浸水区域」データ，現地調査より作成。

図6　ツリバチナガレ

撮影）2015 年 12 月 1 日

性は、「大舟沢は聞いたことがないが、ツリバチナガレであれば住民は皆知っている」と語る。ツリバチナガレは津波によりツリバチ（海水を汲み上げる紐付きバケツ）が流されてきた場所であり、崎浜から烏頭／北里大学へ向かう道が分岐する地点を指すという（図6）。このツリバチナガレ（つり鉢長嶺）は、崎浜郷土誌編集委員会（編）（［一九九一］四三七）でも言及されている。ただし、山奈の記録において、ツリバチは触れられていない。

一方、烏頭で生まれ育ったという漁家の四〇歳代女性は南西の方向を指し示し、「この奥の山、山のなかの沢がオブネサワ。この沢の河口に、津波で大きな船がたどり着いたから」と話す。ツリバチナガレと直線距離で約八〇〇メートルほどしか離れていない地点での聞き取りであったためツリバチナガレとの混同の有無を確認したが、女性は両者を明確に別物として認識していた。オブネサワについて女性は、小学生の頃に『三陸のむかしがたり』という本を読んで知ったという。この本は三陸町の古老が語った地域の昔話を記した記録集のシリーズであり、これまでに三陸町老人クラブ連合会により複数刊行されている。実際に、大船渡市立図書館に所蔵されているバックナンバーを確認したところ、証言通り『三陸のむかしがたり』第三集（改訂版）に、当時崎浜在住の船砥イト氏の語りのなかに大船沢の記述が確認された（船砥［一九八三］）。

ただし、大舟沢の名称が住民の間で広く使われている様子はうかがえない。また、烏頭の四〇歳代女性が大舟沢の話を知ったのも小学生の頃に読んだ『三陸のむかしがたり』を通してであり、その知識の継承はきわめて偶然の事柄であるともいえる。本研究における調査デザインでは十分に検証できないが、大舟沢は烏頭のごく一部に残される消滅寸前の地名なのかも知れない。

(4) チ・蛸カラカイ

蛸(タコ)カラカイは「上閉伊郡鵜住居村(筆者注:現、釜石市鵜住居町)」にあるとされ、その昔、津波による逆波によって蛸カラカイと呼ばれる物体が打上られたことによって名付けられたという。蛸カラカイの地名は新旧地形図で確認できないが、鵜住居町根浜の漁師民宿での聞き取り調査で「蛸カラカイは鵜住居川沿いの田郷(タゴウ)とカラゲイのことではないか。タゴウはタコ、カラゲイはエイを意味する」との情報が得られた(図7)。

鵜住居町田郷の調査では、当地に住んで約三五年になる元市役所職員の八〇歳代男性が「田郷はタコが、カラゲイはカラエイが、それぞれ津波で打ち上げられたことに由来する。カラゲイは田郷のなかの一集落で、そのなかの一軒の屋号もカラゲイ」と、両地名について詳しく説明する（図8）。田郷のカラゲイ集落で生まれ育った七六歳女性も地名由来に関して同様の認識であった。二〇一一年度に都留文科大学の研究グループが実施した被災地での聞き取り調査においても、鵜住居川河口部に位置する片岸町在住の女性（一九三〇年生）から同様の話が得

図7　蛸カラカイおよび周辺地域
資料）地理院地図（標準地図），東京大学空間情報科学研究センターが運営する復興支援調査アーカイブ http://fukkou.csis.u-tokyo.ac.jp/ の「東日本大震災浸水区域」データ，現地調査より作成。

図8　田郷バス停とカラゲイ集落
撮影）2016年7月23日

られている（高田・田中（編）［二〇一二］五六）。

これら津波に由来する「田郷」「カラゲイ」と山奈の記録する「蛸カラカイ」との共通点は、いずれもタコとカラエイがその昔の津波で打ち上げられたことに由来する点である。田郷、カラゲイは太平洋岸から鵜住居川を約四キロメートル遡った谷底平野に位置しているが、実際に東日本大震災の際にも鵜住居川を田郷に隣接する日ノ神集落まで津波が遡上しており、そこには被災者の遺体も流れ着いたという。これを念頭に置くと、過去の津波で田郷やカラゲイ付近にタコやエイが打ち上げられたとしても不自然ではない。また、前者の八〇歳代男性によると鵜住居川の上流にある溪梅（ケイバイ）や長持（ナガモチ）も、それぞれ蛍貝（ケイバイ）と長持（収納家具）が漂着したことによる津波地名とされ、付近にいくつかの津波地名が集っている。これらを踏まえると、山奈のいう蛸カラカイは、「田郷」と「カラゲイ」として残されている公算が大きい。

それでも、東日本大震災の津波では田郷の集落には津波が到達しなかったこともあり、後者の七六歳女性は両津波地名の由来はあくまで昔話として解釈し実話だとは認識しておらず、また、子や孫の世代は由来を知らないのではとのことであった。また、カラゲイ内には地名の由来を知らない住民（五〇歳ほどの中年女性）も確認されたことを考えると、由来の認知には世代間で格差があるのかも知れない。

図 9　油コ渕および周辺地域
資料）地理院地図（標準地図），東京大学空間情報科学研究センターが運営する復興支援調査アーカイブ http://fukkou.csis.u-tokyo.ac.jp/ の「東日本大震災浸水区域」データ，現地調査より作成。

図 10　アブラッコサワ（早川）
撮影）2016 年 7 月 23 日

（5）ヌ・油コ渕

油コ渕（アフラッコフチ）は「下閉伊郡舟越村字田の浜裏手に南東に当り寄浜と云ふあり山を以て境界せし所なり」とされ、現在の下閉伊郡山田町船越田の浜付近にあたる（図9）。油コ渕の名称は、大昔、当地付近にある谷・沢に多くのアブラメ（アイナメ）が打ち上げられたことに由来するという。新旧地形図で油コ渕の記載はみられないものの、田の浜の場所は特定できる。

田の浜の瑞然寺住職（一九四〇年代生、男性）はアブラッコサワであれば知っているといい、その地名は「津波の際にアブラッコ（アブラメ）が打ち上げられたことに由来する」という。また、その場所は田の浜の中心集落の北側に位置する旧集落「早川（ソウカワ）」の谷筋であり（図10）、「アブラッコサワの場所については高齢者であれば知っている」と続ける。ただし、山奈の記述によると油コ渕は田の浜の南東に位置する寄浜（ヨリバマ）にあるとされているが、アブラッコサワは田の浜の北側に位置する早川にある。そのため、両者の位置関係に整合性はなく、本調査では油コ渕の存在を議論できるだけの十分な情報は得られなかった。

図11　越田および周辺地域
資料）地理院地図（標準地図），東京大学空間情報科学研究センターが運営する復興支援調査アーカイブ http://fukkou.csis.u-tokyo.ac.jp/ の「東日本大震災浸水区域」データ，現地調査より作成。

(6) ム・越田

越田（コヘタ）は「下閉伊郡田老村字乙部」内にあるとされ、その昔、激しい津波が当地を越えたことにより名付けられたという。越田は現在の宮古市田老越田に該当し、新旧地形図でも確認できる（図11）。越田在住の八〇歳代男性（一九三〇年生）は越田の地名は津波に由来するとし、「昔は今よりも内陸まで海が来ていたので、ここ（筆者注：越田）を津波が越えて行ったのではないか」と話す。越田が津波に由来する話はそれなりに地域内で知られている様で、ちょうどこの男性宅を訪問していた近隣の六〇—七〇歳ほどの初老女性も同様の話を口にした。

ただし、津波由来の内容も、人によっては若干異なって認識されている様でもある。越田で生まれ、一時東京へ移住した後に再び越田へ戻って来たという越田在住の六一歳女性は、「昔の津波で小枝が流れて来て〝コエダ〟と呼ばれ、その後〝越田〟の文字が使われるようになった」と、実際に津波が到達したかについては疑いを持ちつつも、しっかりとした口調で由来を話す。また、越田から約二〇〇メートルほど北東に位置する和野在住の八〇歳女性は、「その昔、越田に津波が到達したかも知れないという古い言い伝えを耳にしたことがある」と記憶をたどる。

このように、越田の由来について若干の相違はあるものの、付近ではおおむね津波地名として認識されている様である。また、越田の由来となった津波は南方の田老市街からではなく、東方の真崎方面から向かって来たという点も、おおむね共通の認識であった。

ところで、現地での聞き取りのなかで必ずと言ってよいほど出てきたのは「松長根（マッナガネ）」という津波地名である。松長根は駿達にほど近い場所に位置し、最新の五万分の一地形図「田老」（一九九〇年要修）でも確認できる。現地調査によると、松長根は津波によって松が漂着した場所とも、津波によって浚われた後に松だけが残された場所ともいう。越田から

図12　鉢盛および周辺地域

資料）地理院地図（標準地図），東京大学空間情報科学研究センターが運営する復興支援調査アーカイブ http://fukkou.csis.u-tokyo.ac.jp/ の「東日本大震災浸水区域」データ，現地調査より作成。

も直線距離にして北東方向に約八〇〇メートルの場所に位置し、標高もほとんど差はない。松長根と越田という津波地名が比較的近い間隔で位置しており、付近が津波常襲地帯であることを物語っている。

（7）メ・鉢盛

鉢盛（ハチモリ）は「下閉伊郡小本村字茂師（筆者注：現、下閉伊郡岩泉町小本字茂師）（祖師ナラン）此近傍に鉢盛と云ふ名称あり」とされ、大昔、激しい津波により鉢が打ち上げられたことにより名付けられたという。新旧地形図で鉢盛は確認できないが、茂師については確認できる（図12）。

茂師在住の七〇歳代女性（一九四一年生）は「鉢盛（ハヅモリ）は畑の名前で、昔、津波で鉢が流れ着いたことに由来する」と、若い頃に地域の古老から聞いた話を回想する。この女性は鉢盛の名前を久し振りに思い出したといい、「若い人はまず使わない名前」であると話す。その場に居合わせた七〇歳代男性（七〇歳代女性の夫、一九三八年生）も同様の情報を知っている様である。この女性の友人で八〇歳程の女性は「鉢盛は畑の名前で、栗や柿が育てられている」とし、今回の聞き取り調査の前日にも行ってきたという。このように、鉢盛の地名は、少なくとも茂師内の古老には知られている名称の様である。

茂師内には、鉢盛の他にも津波に由来する地名が他にも二件ほどあり、一つは津波で坊主が流れ着いた「坊主畑（ボウズバタ）」（七〇歳代男性）、いま一つは同じく津波でお椀が流れ着いた「椀野（ワノ）」（八〇歳程の女性）である。いずれの地名も鉢盛の近くに位置しており、現在は耕作放棄地、または林野となっている。

（8）レ・蛸沢、ロ・布ヵ沢

蛸沢（タコサハ）は「九戸郡中野村字小子内」のなかにあり、蛸沢の「水上〔ママ〕」（筆者注：上流か）に布ヵ沢が位置するとされる。蛸沢は大昔の津波によりタコが、また、布ヵ沢（メッカサハ）は昆布がそれぞれ打ち上げられたことに由来するという。いずれも新旧地形図では確認できないもの、小子内については確認できる（図13）。

図13　蛸沢，布ヵ沢および周辺地域

資料）地理院地図（標準地図），東京大学空間情報科学研究センターが運営する復興支援調査アーカイブ http://fukkou.csis.u-tokyo.ac.jp/ の「東日本大震災浸水区域」データ，現地調査より作成。

図14　タゴオリ

撮影）2016年11月5日

図15　海藻が打ち上げられた沢
撮影）2016年11月5日

小子内でガソリンスタンドを経営する五〇歳代男性によると、小子内在住の母親（八一歳女性）は「蛸沢という地名は知らないが、タゴオリなら知っている。津波で『タコが打ち上がった』から『タコが寄った』、『タゴヨリ』、『タゴオリ』のように訛っていったのかも知れない」と話しているといい、その場所は小子内坂下地区と長坂地区との間にある林付近（図14）であるという。また、坂下地区在住の八〇歳代女性（一九三五年生）によると、自宅内に居たその女性の夫（八〇歳代男性、一九三三年生）が「裏の林をタゴオリと呼んでいた」と話しているといい、津波でタコが打ち上げられたことに由来する地名としてタゴオリの場所と由来を確認できた。

続けてこの八〇歳代女性に布ヵ沢について問うと、小子内川の上流の方に「メッカジャ」という場所（図13）があるといい、当地では六〇歳代男性（一九四八年生）と女性親子（一九二九年生、昭和三〇年代生）からメッカジャの場所に関する情報が得られた。女性たちは「明治二九年の津波の際、そこの沢にワカメやホソメなどの海藻が打ち上げられたため布ヵ沢と呼ばれるようになり、それが訛ってメッカジャと呼ばれている」（図15）と話す。この話は昭和三〇年代生まれの女性が祖母（一九〇七年生）から聞いた話だという。

このように布ヵ沢はメッカジャと呼ばれ、広く日常的に使われているとはいえないまでも局地的な地名（沢の名前）として現在でも認識されていることが確認された。一方、蛸沢については津波によりタコが打ち上げられた点でタゴオリと由来は共通するものの、両者は異なる流域に位置し、山奈による記述との整合性も十分ではない。そのため、少なくとも今回の調査では両者が同じものであるか否かを判断するのは難しい。なお、聞き取り調査の過程からは、タゴオリもメッカジャと同じく日常的に利用されている地名ではない様である。

5　津波地名の特徴を考える

（1）津波地名の現状

本調査では、『岩手沿岸古地名考 全』に記載された全四〇件の津波地名について、戸別訪問による聞き取り調査を実施した。前節で紹介された地点以外の津波地名については村中ほか（［二〇一七］）を参照されたい。以下では、全地点で得られた調査結果に基づいて津波地名の確認状況を概観した後、津波地名のおかれる現状について検討する。

まず、現地調査における津波地名の確認状況をみると、山奈が書き記した全四〇件の津波地名のうち、本研究で確認された地名は二一件（五二・五％）、確認されなかった地名は一九件（四七・五％）であった（表3）。ただし、地形図に掲載されている町名、小字名、山名が確認されるのは必然（フィッシャーの正確確率検定：有意確率＝〇・〇〇一未満（両側））でもある。そこで、地形図に掲載されない二九件の津波地名に限り確認状況を検討した。すると、二九件のうち津波地名の場所が確認されたのは一〇件（三四・五％）となり、その割合が低下する。これら一〇件の津波地名は地形図に載らないミクロレベルの地名である。現地調査ではそれら

表3　津波地名の行方

<table>
<tr><td colspan="3" rowspan="2"></td><td colspan="2">『岩手沿岸古地名考 全』の津波地名の由来</td></tr>
<tr><td>確　認</td><td>未確認</td></tr>
<tr><td rowspan="3">『岩手沿岸古地名考 全』の津波地名</td><td colspan="2">旧版地図による位置特定可能</td><td>シ：鍬台
テ：槌
ト：三枚戸 ＊三枚堂として確認。
ナ：臼沢
ニ：鯨山
ム：越田　(6件)</td><td>エ：舟荒 ＊表記は「船荒」で確認。屋号として確認。
カ：集リ
キ：岩鞍
サ：舟野
ホ：鍬ヶ崎　(5件)</td></tr>
<tr><td rowspan="2">旧版地図による位置特定不可能</td><td>現地確認</td><td>ア：鮫ヶ渕 ※サメフチとして確認。
ソ：大舟沢
チ：蛸カラカイ ＊田郷，カラゲイとして確認。カラゲイは集落名・屋号として確認。
メ：鉢盛
ロ：布ヵ沢　(5件)</td><td>イ：朽舟
ウ：鍋在リ
オ：駒込メ ＊沢名・屋号として確認。
ラ：海鹿沢
リ：鍋倉 ＊鍋倉山として確認。
(5件)</td></tr>
<tr><td>現地未確認</td><td></td><td>ク：淡杂 ＊屋号「大椀田」か
ケ：鮫田
コ：舟折ヶ崎 ＊屋号「フナワラザキ」か
ス：舟上場
セ：大舟ヶ崎
タ：牛転
ツ：ホヤ拾ヒ長根
ヌ：油コ渕
ネ：鯨石
ノ：鮪畑
ハ：鰒取場
ヒ：舟越タワ
フ：鎌長根
ヘ：ホッキ沢
マ：舟越
ミ：苧巻渕
モ：鰹畑
ル：フタ渉リ
レ：蛸沢　(19件)</td></tr>
</table>

出典）村中ほか（2017）

の地名自体が必ずしも集落内で広く知られているわけではない様子も確認され、津波地名が非常に細い糸で継承されている現状がみられる。

調査方法の制約上、ここで確認されなかった津波地名は既に消滅していると必ずしも言い切れないが、本調査からはその公算が大きいと思われる。この地名消滅の背景として、地形図に記載されていない地名はいずれも小字よりもミクロレベルの地名であり、①地名の知られる範囲が集落内のごく一部の住民に限られる点、②屋号のような集落内での住家の通称が含まれる点、③産業の高度化に伴う森林資源の利用頻度の減少（市場価値の低下）により集落から離れた山中にある地名の利用価値の低下、④高度経済成長期を中心とする農山漁村における過疎化・限界集落化の進行、が理由として考えられる。②の点については、屋号の住家が後継者不在や都市部への移住、津波による流失により消滅し、部分的に④とも関連しながら屋号自体が継承されなくなることが考えられる。また、③については、地形図で特定されなかった場所の大半が沢名や山中の地名、農地の名称など、高度経済成長に伴って利用頻度が低下する傾向にある場所であることからも推測できる。

一方、津波地名の由来の確認状況をみると、全四〇件の津波地名のうち一一件（二七・五％）において山奈の記述した由来が確認された。これら一一件についてはいずれも地名自体が確認されており、津波地名が津波由来の地名として継承されるためには地名自体の継承が前提になっているといえる。これは、津波地名の由来が確認される割合と、津波地名の旧版地図上への記載の有無との間に、統計的な関連性（フィッシャーの正確確率検定：有意確率＝〇・〇四二（両側））がみられることからも推察できる。

ただし個別具体的なケースをみると、地形図に記載されていない津波地名の継承は偶然の産物である公算が大きい様である。この偶然性は、例えば大舟沢について小学生の頃に古老の昔話集を読んで知ったとする烏頭在住の四〇歳代女性の語りにも端的に表されている。このように津波地名に含まれる由来がかろうじて継承されていたり、ほぼ欠落してしまった状態は柳田のいう「世が改まり時の情勢が変化して、語音だけは記憶しても内容は忘却せられ」（柳田［一九四二］七八）る経過の一コマのようにもみえる。このメカニズムを検討するには関連する口碑伝承の検討と同時に別の形での追加調査が必要だが、山奈の記した津波地名の多くが地形図にない農漁村のミクロレベルの地名であることに鑑みると、農漁村からの若年労働力の流出が過疎化・限界集落化を加速させ、世代間の知識の継承を困難にしていることは1つの要因として挙げても間違いないだろう。

（2）『岩手沿岸古地名考 全』の特徴

このように、明治三陸地震津波の発生から約一二〇年の間にミクロレベルの津波地名を中心に徐々に忘れられていく一方で、全体の五二・五％、地形図に記されていない津波地名の少なくとも三四・五％が現在まで継承されている状況も確認できた。このように約一二〇年の時を経て地名の継承を確認できたのは『岩手沿岸古地名考 全』の存在に他ならず、その資料的価値は高い。実際に、『岩手沿岸古地名考 全』に掲載されている津波地名は平川ほか（二〇一六）で扱われなかった地名ばかりであり、津波地名が被災の経験を後世に継承するのに役立つ媒体と成り得るかを時系列的に検討する貴重な研究資料と成り得る。

確かに『岩手沿岸古地名考 全』に書かれてある地名の由来となった津波の情報は山奈による大胆な推察が目立つが（谷端ほか〔二〇一七〕）、本文の記述内容については調査の際に比較的多く確認され、信憑性も高いと考えて良い。そこには、津波由来は確認されなかったものの明治三陸地震津波の際に蒲生辰之助が牡馬を助けたという駒込メのエピソード[2]を子孫が知っていた事例や、遠野出身で柳田国男に『遠野物語』の元となる伝承を語った佐々木喜善（一八八六―一九三三）が柳田とともに各地の民間伝承を収集し整理した「辺土の浜」[3]において山奈と同様の臼沢の津波由来を記している事例も含まれる。

さらに標高も高く周囲からも目に入るランドマークとなっている鯨山[4]については、幕末から明治の南部藩内の地誌が記載された『奥々風土記』に、「昔大津波の時、雄鯨雌鯨二つ、潮のまにまに寄来て、此両嶺にとどまれり、故に山の名には負へりとなん」と由来が、また明和―寛政年間に執筆された『邦内郷村志』にも同様の内容がみられる。ただし、後者では「恐可レ伴也」で由来が締められており、津波によって鯨が山頂まで押し上げられたというのは、あくまでも伝説上の話として捉えられていた様である。

このような資料的特徴を持つ一方で、『岩手沿岸古地名考 全』を読むにあたっていくつか留意すべき点もある。

第一に、二つの地名が一つの地名として記録された蛸カラカイの事例である。本研究では、「蛸カラカイ」は「田郷」「カラゲイ」である公算が大きく、一九一六年測図「大槌」には田郷の名称も記されている。両者の関連性について確たる情報は得られていないが、当時の住民が田郷にあるカラゲイを「タゴウノカラゲイ」と呼び、この方言を山奈が書き記す際に「ノ」が脱落し、標準語への変換も伴いながら「タゴカラゲイ」から「蛸カラカイ」へと変化したのかも知れない。このように、『岩手沿岸古地名考 全』は山奈の聞き間違いや誤記の可能性を含む資料であることに注意を要する。

第二に、蛸カラカイの読みの変化とも関連するが、山奈が津波地名の現地での読みを標準語で記述している可能性がある点について留意すべきである。この点については比較的多くの事例を確認でき、例えば現地で舟荒がフナリ、布ヵ沢がメッカジャと呼ばれている事例や、『岩手沿岸古地名考』の稿本である『岩手県沿岸地名考』で「オマキフツ（苧巻渕）」と記されていたヨミが『岩手沿岸古地名考 全』では「オマキフチ」に修正されている事例（谷端ほか［二〇一七］）も確認できる。

第三に、事例としてはそれほど多くはないかも知れないが、津波地名の移動可能性について念頭に置いておくべきである。最も端的な事例としては、舟折ヶ崎の調査中に行きついた「フナワラザキ」の屋号であり、実際に没落により大船渡市猪川町下権現堂から隣接する集落の同町久名畑へ移動した事例が確認された。ただし、本研究においてフナワラザキと舟折ヶ崎とを関連付ける情報は得られていない。

第四に、『岩手沿岸古地名考 全』には掲載されていない別の津波地名の存在についても念頭に置いておくべきである。本研究では平川ほか（［二〇一六］）で検討された津波地名はもとより、『岩手沿岸古地名考 全』にも記載されていないミクロレベルの津波地名も複数確認された。これらの津波地名について、山奈による記述と内容が異なる場合は大きな問題とはならないが、打ち上げられた魚介類は同じであるものの、記述された場所が微妙に異なる場合（例えば、蛸沢）には『岩手沿岸古地名考 全』に記載されている津波地名との混同とともに、山奈による誤記の可能性にも注意を要する。

6　過去から現在、未来へ

以上のように『岩手沿岸古地名考 全』に記載された四〇件の津波地名は、非常に局地的な地域社会での利用に限られるケースが多々見受けられるほか、それらの継承・消滅は過疎化・限界集落化のような、地域の社会経済的な環境の変化にも大きく影響を受けている。そのため多くの津波地名は、地形図に記載されないミクロレベルの地名を中心に、日常生活で使われているとは言えない状態にある。また前節で整理した通り、『岩手沿岸古地名考 全』を読むにあたっては、いくつかの留意事項を念頭に置かねばならない。これらのことを考えると、津波地名は当地の災害史を表す一つの文化的所産ではあるものの、津波発生時の避難に活用できるような機能主義的（緊急時の実用的）な側面はあまり期待できないのかも知れない。

ただし、これらのことをもって、津波地名が防災上の意味を持たないというのは早計である。

地名がしばしば当地の災害特性を示す傾向にあることは、すでに実証分析（花岡［二〇一五］）によって示されているほか、地名と同じく防災・減災の知恵の一つである津波碑についても、津波の被災経験を記した津波碑の存在する自治体では、東日本大震災の際の死亡率が低くなる傾向にあると指摘されている（佐藤［二〇一七］）。佐藤（［二〇一七］）では、津波碑の存在が死亡率を低減させたのか、また津波碑を建立するような地域は減災に積極的なのかは未解明であるとされているが、津波碑が継承される地域社会においては被災の記憶を将来世代へ伝える災害文化（防災に対する社会規範的な側面）が育まれ生き続けていると考えてよく、中長期的な観点からの防災に一定の役割を果たしていると考えてよさそうである。

津波碑のように物理的な形を伴う被災経験の伝達媒体に比べ、地名の記憶というものが社会変化のなかで忘れ去られやすいものであるとするならば、むしろ『岩手沿岸古地名考 全』に記載の四〇件の津波地名のうち一一件（二七・五％）で津波由来が確認されたことは驚くべきことなのかも知れない。これらの地名が現地で継承・確認された背景をみると、津波地名が新旧の地形図に記されていることと同時に、『三陸のむかしがたり』のような「記録」や布ヵ沢の調査で得られた祖母からの語りのような「語り継ぎ」、そして鉢盛の畑のような「日常的な利用」が、地名の記憶継承において重要なポイントとなりそうである。この点については、本章で十分に議論できるだけのデータが得られていないため、今後の課題としたい。

「天災は忘れた頃にやってくる」という格言・警句で知られる寺田寅彦は、随筆「天災と国防」（寺田［一九九二］）において以下のように記している。

それで、文明が進むほど天災による損傷の程度も累進する傾向があるという事実を十分に自覚して、そして平生からそれに対する防禦策を講じなければならないはずであるのに、それが一向に出来ていないのはどういう訳であるか。その主なる原因は、畢竟そういう天災が極めて稀にしか起らないで、ちょうど人間が前車の顛覆を忘れた頃にそろそろ後車を引出すようになるからであろう。(5)

この文章からは、被災経験の風化に対する寺田の強い危機感が読み取れるが、この風化の問題に対して津波地名はどのような解決策を提示してくれるであろうか。津波地名に関する実証分析としては本章で紹介した研究のほか、防災教育や災害リスクの推定に関する実証研究（高田［二〇一二］、花岡［二〇一五］、平川ほか［二〇一六］）がみられるが、途に就いたばかりである。一方、学校教育現場には、東日本大震災以降、文部科学省から『学校防災マニュアル（地震・津波災害）作成の手引き』や『「生きる力」を育む防災教育の展開』が刊行され、家庭・地域との連携も見据えた防災教育が求められ始めた。このような防災教育の流れのなかで津波地名にどのような存在意義があるのかを考えると、津波地名を地域の津波リスクを考えるために直接役立てるという機能主義的な見方というよりは、身近な地域で過去に津波が発生した事実を忘れないよう後世に伝え、津波常襲地帯での人間と自然との関わり方を継承できるような記録や語り継ぎの切っ掛けとしての役割を津波地名に期待できないかと筆者は考えている。さらに、津波地名のみならず、津波碑などのような津波常襲地帯に固有の在来知に関する研究成果（例えば佐藤［二〇一七］）も蓄積されつつある。これらの知見を総合的に検討することで、津波地名が持つ津波に対する社会規範の醸成に果たす可能性はより広がるのではないだろうか。

付記

本研究の実施にあたり、聞き取り調査にご協力下さいました地域の皆様、現地調査をご支援下さいました東北大学理学研究科の関根良平先生、阿部隆先生、東北大学理学部在学生の小林歩氏、小松謙氏、曽我大輝氏、田中剛氏、藤島克也氏、吉川湧太氏、研究を補助して下さいました立命館大学文学部卒業生の小田美鈴氏に感謝申し上げます。また、本稿の作成にあたり、公益財団法人国土地理協会二〇一五年度学術研究助成による研究成果の一部を利用しました。共同研究者の磯田弦先生（東北大学大学院理学研究科）、塚本章宏先生（徳島大学大学院社会産業理工学研究部）、花岡和聖先生（立命館大学文学部）、谷端郷先生（立命館大学衣笠総合研究機構専門研究員）には、共同研究の成果の利用をご快諾くださいました。記して感謝申し上げます。

参考文献

今里悟之［二〇一二］「長崎県平戸島における筆名の命名原理と空間単位」、『地理学評論』第八五号、日本地理学会。

遠藤宏之［二〇一三］『地名は災害を警告する――由来を知りわが身を守る』技術評論社（tanQブックス）。

大窪健之［二〇一二］『歴史に学ぶ減災の知恵――建築・町並みはこうして生き延びてきた』学芸出版社。

小川豊［一九八六］『災害と地名――語りつがれる危険予知』山海堂。

北原糸子［二〇一四］『津波災害と近代日本』吉川弘文館。

崎浜郷土誌編集委員会（編）［一九九一］『崎浜郷土誌』崎浜公益会。

佐藤翔輔［二〇一七］「津波碑は犠牲者を減らすことができたのか？」、『地震ジャーナル』第六三号、地震予知総合研究振興会。

関戸明子［一九八八］「地名研究の視点とその系譜――小地名の研究を中心に」、『歴史地理学』第一四〇号、歴史地理学会。

関戸明子［二〇一三］「地名」、人文地理学会（編）『人文地理学事典』丸善出版。

高橋和雄（編著）［二〇一四］『災害伝承――命を守る地域の知恵』古今書院。

高田研・田中夏子（編）［二〇一二］『岩手県釜石市片岸地区東日本大震災に関わる聞き取り調査報告書』都留文科大学社会学科。

高田準一郎［二〇一二］「高校地理における災害地名等に着目した防災教育に関わる地域教材の開発――地形図の読図作業を導入して」、『地理教育研究』第一一号、全国地理教育学会。

太宰幸子［二〇一三］『災害・崩壊・津波地名解――地名に込められた伝言』彩流社。

谷川健一（編）［二〇一三］『地名は警告する――日本の災害と地名』冨山房インターナショナル。

谷端郷・村中亮夫・塚本章宏・花岡和聖・磯田弦［二〇一七］「山奈宗真著『岩手沿岸古地名考』の書誌学的検討と内容分析」『歴史地理学』第二八四号、歴史地理学会。

田面木貞夫（編著）［一九八六］『山奈宗真――遠野の生んだ先覚者』遠野市教育文化振興財団。

千葉徳爾［一九九四］『新・地名の研究』古今書院。

通商産業省地質調査所（編）［一九六三］『地すべり地に生きる』、実業公報社（地下の科学シリーズ）。

堤圭史郎［二〇一四］「予備調査 インフォーマントとアポイントメント」、社会調査協会（編）『社会調査事典』丸善出版。

寺田寅彦［一九九二］「天災と国防」『寺田寅彦』ちくま日本文学全集。

遠野物語研究所（編）［二〇一二］『「遠野物語ゼミナール」二〇一一講義記録 三陸海岸と遠野郷』遠野物語研究所。

中村慶三郎［一九五五］『崩災と国土――地辷・山崩の研究』古今書院。

野間晴雄・香川貴志・土平博・山田周二・河角龍典・小原丈明（編著）［二〇一七］『ジオ・パルNEO――地理学・地域調査便利帖（第二版）』海青社。

畑中章宏［二〇一二］『災害と妖怪——柳田国男と歩く日本の天変地異』亜紀書房。

花岡和聖［二〇一五］「小地域地名の語尾と自然災害リスクの関連性」『歴史都市防災論文集』第九号、立命館大学歴史都市防災研究所。

林春男［二〇一二］「災害連鎖」、寶馨・戸田圭一・橋本学（編）『自然災害と防災の事典』丸善出版。

平川雄太・佐藤翔輔・鹿島七洋・今村文彦［二〇一六］「津波由来地名の整理・分類と空間分布に関する考察——東日本大震災の被災地を対象にして」、『災害情報』第一四号、日本災害情報学会。

船砥イト［一九八三］「崎浜の語りつたえ」、三陸町老人クラブ連合会（編）『三陸のむかしがたり（第三集、改訂版）』三陸町老人クラブ連合会。

村中亮夫・谷端郷・塚本章宏・花岡和聖・磯田弦［二〇一七］「津波地名やその由来は継承されるのか？——山奈宗真著『岩手沿岸古地名考 全』の追跡調査」、『地理科学』第七二巻、地理科学学会。

森嘉兵衛［一九五三］『明治前期岩手縣農業発達史』、農林省農業総合研究所（農業総合研究所刊行物九四）。

森隆［二〇一四］『石碑は語る——地震と日本人、闘いの碑記』保険毎日新聞社。

柳田国男［一九四二］『地名の研究（訂正七版）』古今書院。

山下文男［二〇〇八］『津浪てんでんこ——近代日本の津波史』新日本出版社。

Matthews, John, A. and Herbert, David, T. 2008, *Geography: a very short introduction*. Oxford University Press（『マシューズ&ハーバート 地理学のすすめ』森島済・赤坂郁美・羽田麻美・両角政彦（訳）、丸善出版、二〇一五年）。

註

（1）本書には、国立国会図書館所蔵の『岩手沿岸古地名考 全』と、その稿本である遠野市立博物館所蔵の

『岩手県沿岸地名考』が存在する。
（2） 詳細は『岩手沿岸古地名考 全』を参照されたい。原典は国立国会図書館デジタルコレクション http://dl.ndl.go.jp/、翻刻は谷端ほか（［二〇一七］）で閲覧できる。
（3） 岩手毎日新聞に掲載された佐々木喜善による寄稿であり、高柳俊郎により翻刻・解説（遠野物語研究所 二〇一二、一〇六―一三七）もされている。
（4） 鯨山は「上閉伊郡大槌町の北に現在する」とされ、現代の地形図では大槌町と山田町との境界線上に「鯨山」、またその南側に「小鯨山」として確認できる。
（5） 原文は一九三四年一一月に執筆されている。

世界と繋がる、文化を学ぶ
――もっと先へ人文学をすすめよう――

文化を学んで、世界と繋がっただろうか――各章において、文化や世界の在り方が語られていたはずである。多様な視点から文化を学ぶことで、最終的に世界に関する多様な見方に気づいてくれたならば、そのときあなたはすでに世界と繋がっている。

もしかしたら、あなたは世界と繋がったのちに、ふたたび文化を学びたいという衝動に駆られるかもしれない。そうであってほしい。「文化を学ぶ、世界と繋がる」は「世界と繋がる、文化を学ぶ」をつねに誘発し続ける言葉である。なぜなら「学び」と「繋がり」は一度だけの行為ではなく、くり返し続けられなければならないからである。

人文学を通じて、そして人文学のために、私たちは文化と世界の多様さをどのように理解し、語るべきなのかについて考えた。その試みは、すべてを二つに分けて、一方は正しい／役に立つ、他方は間違っている／役に立たないなどと決めつける二元論的思考からもっとも遠いところにある。現代社会が二者択一で物事を判断せよと暴力的に語りかけてくるならば、私たちの人文学はその誘惑に強く抗《あらが》おうとする。

あなたは、単一的な世界などに繋がる必要はない。文化を学んで、多様で新しい世界へ繋がってほしい。現在の世界だけではなく、過去と未来の世界へ繋がってほしい。そして、見知らぬ他者へ繋がってほしい。本書には、このような願いも込められている。

最後にもう一つだけつけ加えておきたい。文化を学び、世界と繋がることは一つの重要な知的努力であり現実的実践である。しかし、世界と繋がりすぎることが何を意味するかも考えなければならない。文化を学び、世界と繋がることは人間が新しい文化を創造したり、自己理解を深めたりするうえでの重要な契機になる。ただ同時に、文化を学んでも、あえて世界と繋がらないという選択もあるだろう。それは世界に対する恐怖や無関心ではなく、世界から独立し、そして批判的な態度で世界に向き合うとき——世界に過剰に順応することはやめよう！——かもしれない。

あなたは本書を手に取ったことで、自分の足元にある言葉から人文学をはじめることができただろうか。もしあなたの人文学——「自分」で考える人文学（北海学園大学人文学部基礎ゼミハンドブックのタイトル）——がはじまったならば、今度はその人文学をもっと先へすすめてほしい。そこには別の新しい文化と世界が広がっているはずである。

二〇一七年一〇月

編者として

佐藤 貴史・仲松 優子・村中 亮夫

第一章 『この世にたやすい仕事はない』

井沼淳一郎・川村雅則・笹山尚人・首藤広道・角谷信一・中嶌聡『ブラック企業に負けない！——学校で労働法・労働組合を学ぶ』きょういくネット、二〇一四年。

人文学部の学生が、「労働基準法」や「労働組合法」を学ぶ機会は残念ながら限られている。それらの知識を十分に持たないまま、労働市場に送り出され、長時間労働で心身をいためてしまうことも少なくない。卒業生からそのような事例を耳にするたび、高校など「学校」でも積極的にワークルール（労働基準法など）を伝え、情報共有をこころがけることが必要だと感じてしまう。本書には、高校と大学の教育現場で、楽しみながらワークルールを学ぶ実践例が紹介されており、クイズなどは教材としても役に立つ。「アルバイトの雇用契約書をもらってみる授業」（二章）など、具体的で身近な話題から始められているので、教職課程受講生にも薦めたい。

至文堂（編）『国文学解釈と鑑賞』第七五巻四号「特集・プロレタリア文学とプレカリアート文学のあいだ」ぎょうせい、二〇一〇年四月号。

一九一七年のロシア革命に衝撃を受け、日本でも、一九二〇年前後から三〇年代前半にかけて、労働者階級の戦いを反映した「プロレタリア文学」が活気を迎えた。人間が生きるうえでつき当たる諸問題は、個人の運命や能力の問題ではなく、社会の体制に由来するものととらえており、今日の社会に拡がる「自己責任論」からの脱却のヒントも提言されている。「プレカリアート」とは、「不安定な」と「労働者階級」を組み合わせた造語で、日本では、一九九〇年代以降に急増した非正規労働者のことをさす。派遣労働などの現実や環境、生きがいなどを素材とした「プレカリアート文学」を紹介しつつ、ホラー小説との接点など、さまざまな論点から考察がなされている。

小杉礼子・宮本みち子（編著）『下層化する女性たち――労働と家庭からの排除と貧困』勁草書房、二〇一五年。

一九八五年、男女雇用機会均等法が適用されたが、一定の条件に合致しない女性労働者は、非正規労働の立場に置かれることともなった。二〇〇〇年代に入り、非婚化が進むと、それは経済格差と並走する問題にもなってきた。労働の場と、結婚（家族形成）の場双方から「排除」されてゆく若い女性を注視した本書は、見えにくい「女性の貧困」を可視化させるデータ集である。加えて、第Ⅲ部では「支援の現場から」の視点が紹介されており、電話相談「よりそいホットライン」の活動や、横浜市男女共同参画センターの「〝ガールズ〟支援」の実例などが報告されている。若い女性に不安を与えるのではなく、サポート体制の存在もしっかりと伝えている点が、本書の特色である。

矢澤美佐紀『女性文学の現在――貧困・労働・格差』菁柿堂、二〇一六年。

「現代女性文学における『貧困』の諸相」、「ロストジェネレーションのしたたかな抵抗――津村記久子と青山七恵の場合」、「『産む性』と原発――津島佑子を手がかりに」など、論文タイトルは硬質だが、文学作品を具体的に引用し、「日常」という立ち位置から、現代の働く女性像を導き出した論集である。私たちと遠い世界が書かれたものではなく、むしろ身近な印象さえ受ける。とくに現代の女性作家は、小学校や中学校の「スクールカースト」を生き抜いてきた世代でもある。「自己実現ではなく、まずは自己肯定感を当たり前に所持することができる社会を志向する」（四六頁）文学作品が少なくないことは、現実から目をそらさない作家たちの、誠実な仕事とも言えるだろう。

柏木ハルコ『健康で文化的な最低限度の生活』（1）―（5）以下続巻、小学館、二〇一四年―。

日本国憲法第二五条「すべて国民は、健康で文化的な最低限度の生活を営む権利を有する」の条文をタイトルとした、話題のマンガである。大学卒業後、公務員として「福祉保健部生活課（福祉現業）」勤務を命じられた女性・義経えみるが主人公。生活保護を担当するケースワーカー業務だが、経験不足のえみるにとっては、すべてが初めて目の当たりにする事例ばかり。戸惑いながらも、さまざまな「生活」者とかかわり合うことで、えみる自身が成長を遂げてゆく。現役ケースワーカーや福祉の現場の声も反映されており、読者も多くの知識を得ることができる。難しいテーマでありながら、ハートフルな話題もあり、絵柄も今日的。公務員をめざす学生には必読の書である。

森岡孝二『雇用身分社会』岩波新書、二〇一五年。

政府の進める「雇用改革」にともなって、日本の労働者の〈働き方〉と、生活そのものが変化を見せている。著者は、この三〇年ほど、政府も経済界も「雇用形態の多様化」を推し進めてきた点に着目した。そして、非正規労働者が大幅に増え、労働者が、総合職／一般職正社員、限定正社員、嘱託社員、契約社員、パート・アルバイト、派遣労働者のいずれかの「身分」に分断された現状を指摘し、その「雇用身分社会」から今日を観察する手法をとった。戦前の雇用身分制の歴史も振り返りつつ、終章では「まともな働き方の実現に向けて」、最低賃金の大幅な引き上げや、性別賃金格差の解消など具体的なプランを提言している。今野晴貴『ブラックバイト――学生が危ない』(岩波新書、二〇一六年)も併せて読みたい。

A・R・ホックシールド『管理される心――感情が商品になるとき』石川准・室伏亜希(訳)、世界思想社、二〇〇〇年。

「感情労働(emotional labor)」という二一世紀のキーワードは、社会学者であるこの著書による命名である。感情労働とは、職務内容にふさわしい表情や態度を作り出すなど、「感情管理」が求められる労働をさし、サービス産業に従事する多くの労働者や、医療、教育に携わる労働者も感情労働者と言える。本書では主に客室乗務員の接客業務が考察されていたが、現代社会では、「肉体労働(physical labor)」、「頭脳労働(mental work)」と並ぶ労働形態として、感情労働の役割が大きくなっている。アルバイトでも、自分の感情をコントロールして、「演技(acting)」をしながら働く業種が多いのではないだろうか。「感情が商品になる」今日、自己防衛のヒントももらえる一冊である。

石田眞・道幸哲也・浜村彰・國武英夫(編著)『ワークルール検定――初級テキスト』旬報社、二〇一五年。

「ワークルール」とは、働くときに必要な法律や、決まりのことである。たとえば、現行の日本国憲法第二七条一項では、「働く権利」それ自体が勤労(労働)権として保障されている。また、同条二項で、賃金や就業時間、休憩など労働条件の基準は、法律で定めることとなっており、それに基づいて、「労働基準法」が制定された。同じように、日本国憲法第二八条に基づいて、「労働組合法」と「労働関係調整法」も制定された。労働者は、「モノ」ではなく、生身の「ヒト」である。「ヒト」としての生活を維持しながら働き続けるため、最低限のワークルールは知識として共有しておきたい。巻末に労働法の条文を収めたこのテキストは、具体的で参考になる。中級テキストもある。

第二章　悪を旅する

ハンナ・アーレント『新版 エルサレムのアイヒマン――悪の陳腐さについての報告』大久保和郎（訳）、みすず書房、二〇一七年。

二〇世紀を代表するユダヤ人思想家の一人であるハンナ・アーレントの著作。彼女の作品では『全体主義の起源』『人間の条件』『革命について』が有名だが、元ナチ高官アドルフ・アイヒマンの裁判を扱った本書は、人間の悪や良心の問題を論じたものとしては出色の作品である。人類史において想像すらできなかった大規模なユダヤ人の殺戮は、きわめて合理的な方法を用いながら、凡庸な小役人によって遂行されていた。どんなに悲惨な出来事であったとしても、そこにみられたのは「悪の陳腐さ」だったと、彼女はいう。悪の概念を刷新した本書を通して、「人間とは何か」、いや「悪を犯す人間とは何か」という問いについて考えてほしい。


矢野久美子『ハンナ・アーレント』中公新書、二〇一四年。

アーレントの専門書・入門書はたくさんあるが、本書は彼女の伝記と思想が美しい文章によってつづられた良書である。当時の政治状況や思想的背景を踏まえたうえで、アーレントの子ども時代から、大学での学問体験、ナチスの台頭を経て、アメリカへの亡命、旺盛な執筆活動、アイヒマン裁判をめぐる論争にいたるまで実にバランスよく描かれている。彼女の葬儀で友人が「あなたの温かみがなくなって世界が冷たくなった」と語ったと書かれているが、アーレントの作品がどれだけ現在の人々にも温かみを伝え、いまでも世界を温めてくれているかがわかるだろう。入門書で迷ったときは、まず本書を手に取ってほしい。類書としては中山元『アレント入門』（ちくま新書、二〇一七年）もある。

東浩紀『弱いつながり――検索ワードを探す旅』幻冬舎文庫、二〇一六年。
すべてが予測されている。すべてが規定されている。このような時代において、著者は自由を獲得する方法を教えてくれる。自分を変えるのではなく、環境を変えるのだと。「自分と環境の一致を自ら壊していくこと」、「グーグルが与えた検索ワードを意図的に裏切ること」。そして、偶然に身をさらし、「弱いつながり」を求めて行けと。まるでパーティでたまたま出会った人と話すように。そのためにも人は身体を移動させなければならない、旅に出なければならないのだ。著者の本格的な哲学を知りたい者は『観光客の哲学』（ゲンロン、二〇一七年、第五回ブクログ大賞人文書部門大賞、第七一回毎日出版文化賞）を読んでほしい。

荒井章三『ユダヤ教の誕生――「一神教」成立の謎』講談社学術文庫、二〇一三年。
人類史においてユダヤ教という一神教が誕生したことは革命的な出来事だった。しかし、その革命はキリスト教の登場によって終わりを迎えてしまったのか。著者は『ヘブライ語聖書』（キリスト教における『旧約聖書』）を丹念に読み込むことで、多様な神の姿を描いてみせる――「導く神」「解放する神」「戦う神」「農耕の神」「審きの神」「隠れたる神」「唯一なる神」「律法の神」。本書は、ユダヤ民族の放浪、奴隷状態、王国の創設と滅亡、捕囚だけでなく、全宇宙を創造・支配する唯一なる神ヤハウェの誕生をも描き切る。宗教に関心をもっている者、いや人間の心の謎を知りたい者は、ぜひ本書とともに、キリスト教やイスラームの歴史も追跡したらどうだろうか。

シェイクスピア『ヴェニスの商人』安西徹雄（訳）、光文社古典新訳文庫、二〇〇七年。
シェイクスピアの作品のなかでも、さまざまな意味において現代でも論争の対象となっている著作である。恋愛物語を含んではいるものの、焦点は貿易商アントニオとユダヤ人高利貸しシャイロックの関係に集中するだろう。貸した金を返せないときは、お前の肉を一ポンドもらう。ユダヤ人シャイロックの言葉と身振りは、つねに歴史上のユダヤ人にも投影され、反ユダヤ主義の源泉と考えられたこともあった。しかし、その前にみずからの目で確認してほしい。法とは何か、法は誰の味方か、正義はどこにあるのか、宗教は人間のアイデンティティを形成しうるか、ユダヤ人とはいかなる存在か、そしてシャイロックとは誰か。光文社古典新訳文庫のほかに、新潮文庫、岩波文庫などからも訳が出ている。

金子晴勇『宗教改革の精神――ルターとエラスムスの思想対決』講談社学術文庫、二〇〇一年。
マルティン・ルターの宗教改革は、キリスト教史における大転換点として位置づけられるだろう。激しい性格で知られたルターだが、とくにエラスムスとの自由意志論争は特筆すべき内容に満ちている。神の恩寵か、人間の自由か――理想主義的ヒューマニストであるエラスムスとの対決は読み応え十分である。こうしたキリスト教の根本問題を考え抜いたルターは〈良心の人〉でもあった。著者はドストエフスキーやサルトルを引き合いに出しながら、良心の思想史を描き出す。善悪の基準が揺らぎ、確実なものが崩壊していく時代にこそ、私たちは自分の良心の声だけでなく、〈良心の人〉の声に耳を傾けるべきである。

フランソワ・ジュリアン『道徳を基礎づける――孟子vs.カント、ルソー、ニーチェ』中島隆博・志野好伸（訳）、講談社学術文庫、二〇一七年。

いまや「道徳」という言葉は嘲笑の対象かもしれない。そうであっても、あえて著者は西洋と東洋、すなわちカント、ルソー、そして孟子の思想を駆使しながら、「憐み」「性と生」「他者への責任」「意志と自由」「幸福」を論じていく。文化的な違いは大きい。しかし、井戸に落ちそうになっている子どもをみる者は誰でも、手を伸ばして子どもをつかまえようとするではないか。そこには、文化の違いを超えた、私たちに訴えかける道徳の力がある。東浩紀は本の帯にこう書いている。「ぼくたちこそが読むべきあらたな哲学」。西洋だけでなく、東洋の道徳も知ってほしい。

中島隆博『悪の哲学――中国哲学の想像力』筑摩選書、二〇一二年。

前にあげたジュリアン『道徳を基礎づける』の訳者である中島隆博の著作。文字通りに悪を思索する「悪の哲学」。悪は個人の問題としてのみ論じられるのか、著者はこう問う。もし道徳の薬が発明されたら、それを不道徳な個人に飲ませればあらゆる問題は解決するのか。それでよいという人もいるだろう。しかし著者は、悪は個人の問題だけには還元されず、社会的な悪の次元もあることを指摘し、その可能性を中国哲学のなかに探っていく。悪は個人の心のなかに潜んでいると同時に、社会自体が悪を生み出し続けているのではないか。本書は三・一一以後の社会に生きる私たちに突きつけられた課題であり、これから生まれてくる人間たちへの申し送りである。

第三章　フランス革命前後の主権のあり方を考える

福井憲彦（編）『フランス史』山川出版社、二〇〇一年。

新版世界各国史シリーズ。フランスの先史時代から一九九〇年代までを網羅的にあつかっている通史である。歴史の勉強に全体を見渡す通史の勉強はかかせない。本書は一般的な概説書のレベルをこえて最新の研究成果もふまえられているが、叙述としてはわかりやすく工夫されており、大学生でも十分理解することができる。また、対象となる時代別にさらなる文献案内がついているので、通史を学んだその先に具体的なテーマにそって読書を発展させることができる。この世界各国史シリーズには、フランス以外にも、さまざまな国や地域を扱った巻が入っているため、関心にそって多様な地域の歴史が学べる。

井上洋子・古賀邦子・富永桂子・星乃治彦・松田昌子『ジェンダーの西洋史〔三訂版〕』法律文化社、二〇一二年。

西洋史を女性の視点から問い直し、フランス、イギリス、アメリカ、ドイツ、ロシアの各国における女性の社会運動の歴史が、通史的にまとめられている。また、各国ごとの動きだけでなく、世界の女性運動の連帯について理解することができる章や、女性の社会運動を学ぶうえで有益であるさまざまな資料が収録されている。一般的な概説書で学ぶ歴史が、女性の視点からみるとどのような違いがあるのかを、具体的に理解することができるだろう。女性史に関心がある初学者には、知っておく必要がある重要事項が網羅的に学べる。また、ヨーロッパの歴史全般に関心がある者にとっても、歴史の主体が多様であることを理解するために必読の書である。

二宮宏之・阿河雄二郎（編）『アンシアン・レジームの国家と社会』山川出版社、二〇〇三年。

本書は、アンシアン・レジームとよばれるフランス革命前の時代について、最新の研究動向をあつかった論考が収められている。近年、アンシアン・レジーム期は単純な絶対王政ではなかったということがいわれるようになったが、それは具体的にはどのような研究成果によるのか。国家や社会のあり方、暴力の問題、経済の構造、そして家族と王権の関係など、多角的にこの問題にせまっていく本書は、フランス史の研究を始めるにあたってまずは読まなくてはならない一冊である。さらに詳細な文献目録も巻末についているため、最新の研究成果を知るためにも有益である。

服部春彦『フランス近代貿易の生成と展開』ミネルヴァ書房、一九九二年。
一六世紀から一九世紀にかけてのフランスの経済を理解するうえで重要な書である。フランス革命以前からのフランスの産業と国際貿易はいかなる状況にあり、これが革命を経てどのように変化するのかという点が、具体的に論じられている。従来はイギリスに偏っていた国際貿易史において、フランスの役割に光をあてることの重要性が指摘されている。本書では、フランスがヨーロッパ諸国とのかかわりのなかで形成していた、経済的関係やその地位だけに目を向けるのではなく、その経済発展と植民地とのかかわりが詳細に論じられており、広い視点からフランスの経済史が語られている。

柴田三千雄『フランス革命はなぜおこったか――革命史再考』福井憲彦・近藤和彦（編）、山川出版社、二〇一二年。
著者の遺稿に、編者によって注記などがつけられて出版されたのが本書である。もともとフランス革命史の通史として全三巻として構想されていたが、革命の前史と革命初期を扱った本書のみ刊行された。長らくフランス革命史の研究者として第一線で活躍してきた著者が、初学者や一般的な読者にも理解できるようなかたちで、フランス革命の全体像を示している。フランス革命へといたる道を、パリだけでなく地方での動きにも重点をおきながら叙述しており、日本語でこうした側面を論じている文献はほとんどない。したがって、フランス革命前後のフランスの政治・社会の全体的な状況と、個別具体的な地域の反応を知ることができる貴重な書である。

オリヴィエ・ブラン『オランプ・ドゥ・グージュ――フランス革命と女性の権利宣言』辻村みよ子・太原孝英・高瀬智子（訳・解説）、信山社、二〇一〇年。

フランス革命を女性の立場から批判し、「女性の人権宣言」をあらわしたグージュの伝記である。南フランスのモントーバンという町で肉屋の娘として生まれた彼女は、若くして結婚し早くに夫と死別し、パリに上京して劇作家となった。彼女は革命前から数多くの作品を執筆しており、なかでもフランスがその植民地で導入していた黒人奴隷制を批判した戯曲は、大きな反響をよんだ。奴隷制の問題から女性の問題へと視点をひろげていく、グージュの歩みが本書では丁寧に描かれている。「女性の権利宣言」の全文と、訳者によるグージュ論も掲載されており、資料も豊富である。

浜忠雄『カリブからの問い――ハイチ革命と近代世界』岩波書店、二〇〇三年。

ハイチは、一七世紀以来フランスの植民地であり、サン＝ドマングとよばれた。ここでは先住民が絶滅し、これに代わってアフリカ大陸から大勢の人々が奴隷として移送され、その労働力に依存してサトウキビやコーヒーのプランテーション経営が行われた。これらの作物は特に一八世紀のヨーロッパにおいて爆発的に需要が増加し、フランスはここから多くの利益を得た。フランス本国で革命が生じ、「人権宣言」が発布されるなかで、サン＝ドマングでは黒人奴隷たちが一斉に蜂起を起こし、一八〇四年には独立を果たす。本書は、ハイチ革命が実行された経緯と、その後にハイチが歩んだ歴史を明らかにすることによって、フランス革命の意味を問い直す。

森山軍治郎『ヴァンデ戦争――フランス革命を問い直す』筑摩書房、一九九六年。

フランス革命期に、地方で革命に反対する蜂起が頻繁に起きていたことは、あまり知られていないのではないだろうか。本書は、そのなかでも最大級で長期間にわたり、いまや「戦争」と名のついているヴァンデ地方の蜂起を取り上げたものである。フランスは、革命期にヨーロッパ諸国と戦争を開始して徴兵制度を導入したが、これに対する反発がヴァンデ地方では広がっていった。一七九三年から九六年の三年間にわたった政府軍とヴァンデ地方の民衆軍との戦いは、六〇万人もの犠牲者を生み出し、多くがヴァンデ地方の人々だったという。フランス革命が、地方においてどのように受け止められたのか、そして革命政府はこれにどう向き合ったのかを、本書によって知ることになるだろう。

第四章　非国家社会における戦争と平和

ジャン＝ジャック・ルソー『人間不平等起源論　付「戦争法原理」』坂倉裕治（訳）、講談社学術文庫、二〇一六年。

文明社会以前に想定される自然状態を生きる人びとの姿を描いているが、ホッブズのそれとは対照的である。自然状態に生きる人間はその本性によって自由、健康、善良、幸福に生きることが許されていた。しかるに、自身が消費する以上に食べ物を入手することが有益だと気づく者が現れた途端、平等は消え失せ、所有権が導入され、労働が義務となった。変革を産み出したのは、冶金と農業という二つの発明であった。この思想は説得力に富み、今日にいたるまで世界中の人文科学者に多大な影響を与えた。今日読み返してみてもいささかの古さを感じさせないどころか新たな発見のよろこびに溢れている。ヨーロッパの知的伝統の流れを今に伝えており、訳も新しくこなれていて読みやすい。

秋月俊幸『千島列島をめぐる日本とロシア』北海道大学出版会、二〇一四年。

ロシアとの関係改善の兆しが高まるたびにくり返されるのが、北方領土返還への淡い期待である。残念ながら、このような動きを支える論調のなかに、歴史的事実をわきまえないナショナリズムの動きを指摘することはさほど難しくはない。反知性主義の台頭を冷静に見つめるためにも、まずは千島列島をめぐる日本と欧米列強の関係史を正しくおさえておく必要があるだろう。本書の目的は「日本人とロシア人をめぐる関わりを歴史的に検証しつつ、日露関係の意義を考察する」ことにあるが、日本人の千島観を知ることにもつながる。一九四五年のソ連の千島侵攻や北方領土問題の今後についての記述もあり、ネット時代を生きる若者にこそ真摯に向き合ってもらいたい図書である。

アザー・ガット『文明と戦争 上・下』石津朋之・永末聡・山本文史（監訳）、中央公論新社、二〇一二年。

第四章本文で扱ったスティーブン・ピンカーと同様に戦争は国家、都市の誕生とともに始まったのではなくて、狩猟採集時代に遡りうると断じる。そしてその戦争はもっと血塗られたものだったと主張する。その論拠は文化人類学者に多い解釈的なものではなく、社会進化論を根底に据えているが、安易で誤解の招く表現は極力抑え、他の研究の立場も紹介しながら慎重に考察をすすめている点で好感がもてる。しかしその分、分厚い図書とあいまって、かならずしも明快な結論が示されるわけではないので読み進めるのはけっこう大変である。読了の満足感はひとしおであろう。

金井良太『脳に刻まれたモラルの起源――人はなぜ善を求めるのか』岩波科学ライブラリー、二〇一三年。

進化の過程で成立した生物学的な脳とそれに規定される心理が、現実社会でわれわれの価値判断を左右していることをわかりやすく説明してくれるのが本書である。狩猟採集経済のもとで人のサイズよりもおおきな動物を仕留めるためには、集団として協力し合い獲物を公平に分かち合う社会性をもった方が生き残るチャンスはたかい。人類史のうえで圧倒的にながい狩猟採集社会の価値観が脳にそうした仕組みをととのえた。とりわけ、我々の脳は、利他的な行動をみると、しっかりと認知し、ながく記憶にとどめられるように発達をとげた。よい評判を築くと、直接助けた人だけに限らず周囲からのサポートが増えることになる。倫理を考察するときの基礎的な知識としても有用であろう。


ラペルーズ『太平洋周航記 上・下――海洋の空白に挑む』、シリーズ・世界周航記、佐藤淳二（訳）、岩波書店、二〇〇六年。

当時の航海がどのような装備と人員で何を意図して実施されたのかを知ろうとするとき、読者があたかも船内クルーの一員になったかのような臨場感とともに伝えてくれるこれ以上のドキュメンタリーはないだろう。一八世紀後半の三度の航海を成し遂げたキャプテンクックに比べ、ラペルーズの知名度は低い。にもかかわらず、日本近海を通過した詳細な記録を残したことでその潜在的な価値は高い。第四章でも引用したように、サハリンで先住民と接触したときに一種の理想郷を見出す記述からは、戦乱に辟易していた当時の欧州の雰囲気を感じることができる。ルイ十六世の命を受け、フランスを出航して南太平洋で消息を絶つ直前までの二年半にわたる詳細な航海日誌はいわば波乱にとんだドラマそのものである。

アルバート・アインシュタイン／ジグムント・フロイト『ひとはなぜ戦争をするのか』浅見昇吾（訳）、講談社学術文庫、二〇一六年。

一九三二年に国際連盟からの依頼で任意の相手と「いまの文明でもっとも大切と思える問いについて意見を交換してほしい」と求められたアインシュタインは「人間を戦争というくびきから解き放つことはできるのか？」をテーマに選んだ。物理学者として人間の想いの深みを覗くことには長けていないと謙遜しつつも、人間の心のなかにこそ、戦争の問題の解決を阻む障害を感じとり、フロイトに対話をよびかけたのである。フロイトは、文化の発展がうみだす心のあり方の変化が戦争を終結に向かわせると応じた。それは知性を強めることと攻撃本能を内に向かわせることだという。いかに解決が困難にみえようと、人間の本性に実直に向き合う二人の姿勢に、地域紛争が多発する時代を生きる現代のわたしたちは襟を正さねばならない。

ユヴァル・ノア・ハラリ『サピエンス全史 上・下――文明の構造と人類の幸福』柴田裕之（訳）、河出書房新社、二〇一六年。

四八カ国で刊行の世界的ベストセラー。上・下巻は全四部構成で、第一部認知革命、第二部農業革命、第三部人類の統一、第四部科学革命というように、人類史のオーソドックスな流れにそって進む。その叙述は過去の事象を取り上げるときにも人類の現在と将来をしっかり見通している。我々は脳の構造から百五十人以上の仲間と直接的に繋がることが出来ない。膨大な数の見知らぬ人どうしの連携を可能にするものは、太古の部族社会から中世の教会組織をへて近代国家に到るまで虚構の創出であると主張する。大規模な協力体制は人びとの集合的想像のなかに存在しているのだ。その例えとして大手自動車メーカーのプジョーSAという無形の法的虚構を持ち出すくだりは独特であり、説得力もある。訳も平易で読みやすい。

佐原真（編）『古代を考える——稲・金属・戦争』吉川弘文館、二〇〇二年。

日本列島の先史から歴史時代への変遷を考察するうえで欠かせない弥生文化の特質を九人の研究者が平易に記述している。農業や金属技術の伝来と受容、渡来人と在来人の共生、分業と流通、戦争の開始、階級社会への移行など興味深いトピックを縄文文化や大陸の文化との比較を中心に扱っている。この「比較」という観点を中心に据えているため、弥生の特徴がかえって浮き彫りになるメリットがあり、かつ日本史内部の叙述に限定されない類書にはない意義がある。弥生時代は日本で初めて戦争が生じた時代という本書の主張が揺らがないものであるかどうかの判断は、今後の研究の進展にゆだねられるべきではあるが、第四章で扱ったトピックとも密接に関連しており興味深い。

第五章　AI時代のメディア論

岡田美智男『〈弱いロボット〉の思考——わたし・身体・コミュニケーション』講談社現代新書、二〇一七年。

奴隷と蔑めば、ある日ロボットが敵対者に変貌する悪夢から逃れられない。また、偏愛の対象にすぎなければ、結局ロボットは単なる道具でしかない。人間であれロボットであれ、欲望を一方的に投影した存在との間に真の意味でのコミュニケーションは望むべくもない。岡田は、人間の助けを必要とする「弱いロボット」を実際に制作するところからロボットのイメージを一新する。ロボットやAIとの共生のかたちに一石を投じ、今後のAIの設計に一つの方向性を与えるだけでなく、こころとからだ、自己と他者、人間と機械、そしてコミュニケーションの本質について再考を促す良書である。

柴田崇『マクルーハンとメディア論――身体論の集合』勁草書房、二〇一三年。

ある人物の思想に触れたいなら真っ先に入門書の類を手に取るのは悪しき選択である。先入観で頭をいっぱいにして人と会うのに似て、本を通じた著者との対話の瑞々しい感動を台無しにするからだ。入門書を読んで本人に会ったつもりになってしまい、面会のキャンセルを繰り返す悪癖がつくのが一番怖い。矛盾するようだが、マクルーハンの入門的著書、しかも臆面もなく拙著を勧めたい。技術思想史に興味のある向きには(多分)最善のものの一つだが、まずはマクルーハンに直接会ってほしい。そして本書を読んだ後、もう一度会ってもらいたい。そうすれば、初対面では得体が知れず、先入観があっても分かったつもりになれないが、会うたびに新しい驚きのある人物がいるのを体験してもらえるだろう。本書はそのような体験の記録でもある。


ベネディクト・アンダーソン『定本 想像の共同体――ナショナリズムの起源と流行』白石隆・白石さや(訳)、書籍工房早山、二〇〇六年。

人類史上前例のない規模の共同体を形成し、顔を合わせることもない同胞のために命を捨てさせるナショナリズムについての古典的テキスト。国民国家、およびそれを単位とする国際秩序の成り立ちを印刷物が涵養した想像力から説明した点で、メディアを学ぶ者はもちろん、国家に関心のあるすべての学徒にとっても必読の一冊である。最後まで読み通せば近現代史と世界地図の概容が分かるお得さも見逃せないが、今日の世界情勢の分析にも役立つ切れ味こそ、本書を古典たらしめる所以である。『ベネディクト・アンダーソン――グローバリゼーションを語る』(光文社新書、二〇〇七年)もあわせて勧めたい。本書の補遺にあたる同書で、アンダーソンが、新聞の意義を強調しすぎた前著の姿勢を修正し、電信の役割に言及している点は、メディアの学徒なら見逃してはならない。

アンディ・クラーク『生まれながらのサイボーグ——心・テクノロジー・知能の未来』呉羽真・九木田水生・西尾香苗（訳）、春秋社、二〇一五年。

サイボーグとは、人間の器官を人工物に置き換えて元の機能を「拡張」する技術、または「拡張」した技能を身につけた存在である。二〇世紀前半に誕生したこのような定義が、SF作家のみならず工学をはじめとする科学者にも所与のものとされる中、アンディ・クラークは、可塑的な脳を持つヒトという種が、問題解決のために創造した人工物のうち、あるものを身体の「延長」として、あるものを環境の側に据え置いて利用してきたことを指摘し、従来の「拡張」のサイボーグ観に揺さぶりをかける。人間を「生まれながらのサイボーグ」と見做し、行為主体と環境を一体に捉えるその説は、新しいサイボーグ論の宣言であるだけでなく、技術史に再考を促す提言として、また、ジェームズ・ギブソンの心理学説の応用例としても多くの示唆を与えてくれる。

ケヴィン・ケリー『〈インターネット〉の次に来るもの——未来を決める一二の法則』服部桂（訳）、NHK出版、二〇一六年。

最新の技術水準を知りながら近視眼的な現状分析に終始せず、未来への提言になり得ている論考にはなかなかお目にかかれない。インターネットがつくり出した不可避の条件のもと、人間の採るべき道を模索する本書は数少ない成功例の一つである。人間の発想の豊かさを信頼し、なによりそれを実践してみせることで論考全体が明るい基調を帯びている。もちろん、ケリーの予言的言説を鵜呑みしてはならない。本書の主張を検証する作業が読者に任されているのは言うまでもないが、せっかくこの本を手に取ったなら、ケリーの発想の自由さこそ見習いたい。与えられた条件下で自由に発想し、そして説得力あることばを使って思いを語ろう。（私を含め）二一世紀を生きる若者たちに、技術の大転換期に生きている幸運を感じさせる一冊である。

ウォルター・J・オング『声の文化と文字の文化』桜井直文・林正寛・糟谷啓介（訳）、藤原書店、一九九一年。

マクルーハンを頂く、いわゆるトロント大学コミュニケーション学派の特徴の一つに、「声の時代」、「文字の時代」、「印刷技術の時代」の時代区分がある。「印刷技術」と現在の境界の歴史的考察、および歴史的考察に続く理論の構築に注力したマクルーハンに対し、オングは、近代以前の文化を担当し、古典的教養の深さを遺憾なく発揮して学派の支柱の一人と目されるようになった。本業のペトルス・ラムス研究であげた功績の大きさに比べれば、本書は余技にすぎないかもしれないが、それでも、今日、他の専門領域の研究者にも頻繁に参照されることから分かるように、定説として議論を喚起する力に衰えは見えず、メディア研究の古典と呼ぶにふさわしい堂々たる風格を保ち続けている。

エリック・ハヴロック『プラトン序説』村岡晋一（訳）、新書館、一九九七年。

プラトンの『国家』には、理想の国家から詩人を追放すべし、との下りがある。哲学のチャンピオンたるプラトンとともにホメロスを称揚するヨーロッパの人々にとって、この詩人追放は大きな謎だった。ハヴロックは、「声の時代」と「文字の時代」の境界で葛藤し、次世代を担う若者の教育方法に頭を悩ませたプラトンの姿をそこに読み取る。最も重要なメディアに注目する点、少々の図式化を恐れない大胆さなど、ハヴロックの「美点」は、かつての同僚のマクルーハンの思想にも対応物を見つけられる。マクルーハンへの影響力の大きさに反比例するかのように、学派に関与した期間が短かったこと、大胆な図式化を後年の仕事で修正したことなどから、一部で意図的に過小評価されるきらいがあるが、メディア研究の古典として読むべき一冊であることに変わりはない。

プラトン『パイドロス』藤沢令夫（訳）、岩波文庫、一九九三年。

プラトン一流の対話篇の一つで、「弁論術」や「恋」についてソクラテスとパイドロスが対話する様子が楽しめる。真実らしく語ることのみに長けた弁論術を批判し、真実を愛し、そこに接近するための哲学の意義が力強く語られるが、後半に登場する文字の発明のエピソードからは、プラトンの文字に対する懐疑が読み取れる。自らの哲学を文字で書き残しながら、文字に拠らない対話を哲学の方法に採用したアンビバレンスもまた、一種の謎として様々な議論を生みだしてきた。「パルマコン」への注目に限らず、常に立ち帰るべき書という意味で古典の中の古典だが、古典と聞いて身構えてしまってはもったいない。対話の楽しさや爽快さに触れるつもりで気軽に手に取ってもらえれば、知らず知らずに読み通してしまうほどに軽やかで面白いのだから。

第六章　津波地名の継承と活用可能性

ジョン・A・マシューズ、デイヴィット・T・ハーバート『マシューズ&ハーバート 地理学のすすめ』森島済・赤坂郁美・羽田麻美・両角政彦（訳）、丸善出版、二〇一五年。

本書は、地理学がどのような可能性を秘めた学問なのかを簡潔に紹介した入門書である。著者らは、地理学の中心概念として地表面上の「空間」「場所」「環境」を挙げ、それら諸概念の重なり合った部分（≒景観）が地理学の研究対象であるとする。例えば、厳島神社は海上に大鳥居・社殿を持つ独特な建築として知られる世界遺産であるが、現在の景観が当地に存在するのは、安芸守であった平清盛が瀬戸内航路を重視していた事実や、御神体とされた弥山（厳島の最高峰）の自然・山岳信仰のような厳島の空間性、場所性、環境を抜きには語れない点を、地理学者は重視する。世界遺産が持続可能な開発のような現代的課題を抱えているように、本書の最終章において犯罪、文学・映像、氷河後退・植生、地球温暖化のような興味深い話題を例示し、今後の地理学の可能性を展望している。

人文地理学会（編）『人文地理学事典』丸善出版、二〇一三年。

人文地理学の全体像をつかもうと、コンパクトにまとまった一冊の専門書を探そうとしても、長らく容易には見つけられなかった。そのような悩みにこたえてくれたのが本書である。本書は事典の名を冠しているが、地理学用語集のような小項目事典ではなく、読んで楽しむ中項目事典である。内容は、学史、理論、基本概念、手法のほか、読者の関心のあるテーマ（例えば、文化、歴史、環境、災害、地理教育など多数）ごとに豊富な題材が扱われている。事典であるがゆえ、読者の関心に応じてどのページからでも読むことができるのに加え、各項目の解説も見開き二―四ページであり、さながら人文地理学の世界を手軽に覗ける短編集のようなものである。もちろん書籍の末尾には索引がついているため、用語集としての性格も兼ね備えている。

小池一之・山下脩二・岩田修二・漆原和子・小泉武栄・田瀬則雄・松倉公憲・松本淳・山川修治（編）『自然地理学事典』朝倉書店、二〇一七年。

学生と会話をしていると、しばしば「私は文系／理系だから」という言葉に出くわす。この言葉にある一定の理解を示すことはできるが、大学での学びでは、「私は文系／理系だから」のように話は簡単ではない。例えば、なぜ濃尾平野で輪中が発達しているのかを考える際、濃尾平野の地形的な成因を知る必要があり、近年増加傾向にある集中豪雨への対応については地球温暖化や自然災害の基本的な知識を押さえておく必要があるだろう。本書では自然地理学の概論的な内容から、気候、水文《すいもん》、地形、土壌、植生のような基礎的な内容、そして自然災害や環境問題のように自然地理学で扱われる現代的な課題について解説されている。『人文地理学事典』同様に各項目が見開き二―四ページで解説される中項目事典であり、読む楽しみ、検索する利便性の双方を兼ね備えている。

佐藤郁哉『フィールドワーク――書を持って街へ出よう〔増補版〕』新曜社、二〇〇六年。
「人文学」と聞くと、図書館や研究室に籠って文献類を読み思索にふける姿を思い浮かべるかも知れない。しかし、人文学の研究材料は何も文献類のみではない。すなわち、現在の世界に生きているすべての人々が研究対象となる可能性があり、その人々の声も人文学的諸現象を考える上で重要な研究資料となる。その資料を現場で収集する手法はフィールドワークと呼ばれ、例えば「〇〇集落の伝統的な祭礼行事」を調べたいと考えた際には、その集落に実際に足を運び、祭礼の様子の観察や住民へのインタビュー調査を行うことになる。そんな時に、本書を手に取ってみよう。本書は、著者の豊富なフィールド経験に基づいて書かれており、インタビュー調査や参与観察など、質的社会調査を中心としたフィールドワークのいろはを学ぶことができる。

森岡清志『ガイドブック社会調査〔第二版〕』日本評論社、二〇〇七年。
人文学研究においては、いわゆるアンケート調査のような統計的社会調査が採用されることもある。統計的社会調査とは、比較的多くの数の標本データを集め、統計的に分析することを前提に実施される社会調査である。例えば、集落の祭礼行事への参加が、複数の集落の間でどのように異なるのかを調べる際には、もしかしたら合計で数千人単位の関係者の意識や行動を探る必要が出てくるかもしれない。「アンケート調査」と聞くと優しく聞こえるかもしれないが、調査票の作成や実際の調査実施、データ入力、そして集計・分析という一連の流れには重要な作法が存在する。その作法について、本書では統計的社会調査の初学者にも分かり易い平易な言葉で書かれ、統計的社会調査のエッセンスが詰め込まれている。

梶田真・加藤政洋・仁平尊明（編）『地域調査ことはじめ――あるく・みる・かく』ナカニシヤ出版、二〇〇七年。

学術論文には、どのような調査を実施して、どのようにデータを集めたのかという研究の方法が必ず記載されている。しかし、自分で見つけた論文と同じ手法を自身の研究に適用しようとしても、実際の調査実施でなぜかうまくいかないと思うこともあるだろう。これは、それぞれの論文のなかには、調査を遂行するうえでのコツなどが書かれているわけではないためである。このようなコツを同級生に聞こうにも、同級生自体が同じ学びの段階（学年）にあるため聞けそうにない。このような悩みを解決する助けになるのが本書である。本書は複数の地理学者が学生時代に執筆した学術論文を取り上げ、その論文に関わる調査をいかに遂行したのかについて、失敗談や裏話も交えながら描かれてある点が、他に無い魅力である。

北原糸子『津波災害と近代日本』吉川弘文館、二〇一四年。

自然災害を歴史的な時間軸からとらえ分析する研究は災害史研究と呼ばれる。本書は災害史研究の第一人者である北原糸子氏により著された災害史に関する専門書・論文集である。本書では、過去の災害史研究がレビューされた後、一八九六年明治三陸地震津波を題材にした災害史研究の事例が各章で紹介され、最後では近年、発生が危惧されている南海トラフ巨大地震に引き付ける形で安政の東海地震、南海地震の事例にも言及されている。東日本大震災以降、津波に関する口碑伝承に対する関心が高まっているが、岩手県の三陸沿岸をはじめとする研究対象地域を歩き、入念な聞き取り調査や資料調査に基づいて分析されている本書は、当該領域に関する研究テーマで卒業論文を執筆したいと考えている学生にとっては必読の書である。

矢野桂司・中谷友樹・磯田弦（編）『バーチャル京都——過去・現在・未来への旅』ナカニシヤ出版、二〇〇七年。

近年、学術書籍や論文のみにとどまらず、広く人文学的な資料にもデジタル化の波が押し寄せている。身近な例としては電子書籍の普及が挙げられるが、地理学の領域においても古写真や古地図のような画像資料のデジタルアーカイブと、それを定量的に解析した研究の蓄積が進みつつある。本書は、『新撰増補京大絵図』（一七世紀末）や『都名所図会』（一七八〇年）、『京都地籍図』（一九一二年）、古写真など、京都に関わるコンテンツをまるごとデジタルアーカイブし、京都の歴史や文化をビジュアル的に理解できるように構成された読み物である。読み物と言っても、本書の内容は高度な学術的な研究成果に基づくものであり、高度な知的欲求を満たすこと請け合いである。京都旅行のお供にもお勧めの一冊である。

執筆者紹介

（*は編者）

佐藤貴史*（さとう・たかし）〔担当「文化を学ぶ，世界と繋がる」「第 2 章　悪を旅する」「世界と繋がる，文化を学ぶ」〕
1976 年生まれ。聖学院大学大学院アメリカ・ヨーロッパ文化学研究科博士後期課程修了。博士（学術）。北海学園大学人文学部准教授。宗教学，ドイツ・ユダヤ思想史。『フランツ・ローゼンツヴァイク――〈新しい思考〉の誕生』（知泉書館，2010 年），『ドイツ・ユダヤ思想の光芒』（岩波書店，2015 年），『シュトラウス政治哲学に向かって』（分担執筆，小樽商科大学出版会，2015 年），ヒラリー・パトナム『導きとしてのユダヤ哲学――ローゼンツヴァイク，ブーバー，レヴィナス，ウィトゲンシュタイン』（単訳，法政大学出版局，2013 年）など。

仲松優子*（なかまつ・ゆうこ）〔担当「第 3 章　フランス革命前後の主権のあり方を考える」「世界と繋がる，文化を学ぶ」〕
1974 年生まれ。千葉大学大学院社会文化科学研究科博士課程修了。博士（文学）。北海学園大学人文学部准教授。フランス近世・近代史。『アンシアン・レジーム期フランスの権力秩序――蜂起をめぐる地域社会と王権』（有志舎，2017 年），「二宮史学の批判的継承に向けて――戦後歴史学・政治文化論・ジェンダー」（『歴史学研究』第 931 号，2015 年），「複合君主政と近世フランス――ヨーロッパ近世史研究とフランス近世史研究の接続の可能性」（『北海学園大学人文論集』第 62 号，2017 年）など。

村中亮夫*（むらなか・あきお）〔担当「第 6 章　津波地名の継承と活用可能性」「世界と繋がる，文化を学ぶ」〕
1977 年生まれ。立命館大学大学院文学研究科博士課程後期課程地理学専攻修了。博士（文学）。北海学園大学人文学部准教授。地理学，環境学，地理情報科学。「京都府宮津市における身近な地域の文化財・景観の社会経済評価――支払意思額と労働意思量の地域差に着目して」（共著，『人文地理』67 巻 3 号，2015 年），「高校地理での学習内容を活かした防災教育プログラムの開発と実践――身近な地域の水害リスクを事例として」（共著，『地理科学』69 巻 4 号，2015 年）など。

田中　綾（たなか・あや）〔担当「第 1 章　『この世にたやすい仕事はない』」〕
1970 年生まれ。北海学園大学大学院文学研究科修士課程修了。同大学院で博士（文学）学位授与。北海学園大学人文学部教授，三浦綾子記念文学館館長。日本近現代文学。『書棚から歌を』（深夜叢書社，2015 年），『権力と抒情詩』（ながらみ書房，2001 年）。『作家と戦争　太平洋戦争 70 年』（分担執筆，河出書房新社，2011 年），現代短歌研究会編『〈殺し〉の短歌史』（分担執筆，水声社，2010 年），『現代にとって短歌とは何か』（分担執筆，岩波書店，1998 年）など。

手塚　薫（てづか・かおる）〔担当「第 4 章　非国家社会における戦争と平和」〕
1961 年生まれ。早稲田大学大学院文学研究科博士後期課程中退。博士（文学）。北海学園大学教授。人類学，民族考古学，北方狩猟採集民研究。『アイヌの民族考古学』（同成社，2011 年），「鳥居龍蔵の千島研究と鳥居の社会ネットワーク」ヨーゼフ・

クライナー（編）『日本とはなにか』（東京堂出版，2014 年），The Impact of Hunter-Food Producing Society Relations on the Ainu's Subsistence. In K. Ikeya and R. Hitchcock (eds.), *Hunter-Gatherers and their Neighbors in Asia, Africa, and South America* (Senri Ethnological Studies 94. 2016) など。

柴田　崇（しばた・たかし）〔担当「第 5 章　AI 時代のメディア論」〕
1969 年生まれ。東京大学大学院教育学研究科博士課程修了。博士（教育学）。北海学園大学人文学部教授。メディア論，技術思想史。『マクルーハンとメディア論——身体論の集合』（勁草書房，2013 年），『知の生態学的転回 第 2 巻　技術』（分担執筆，東京大学出版会，2013 年），『マクルーハン』（分担執筆，河出書房新社，2011 年），『生命倫理百科事典』（共訳，丸善，2007 年），『伝記 ジェームズ・ギブソン』（共訳，勁草書房，2006 年）など。

〔はじめての人文学〕　ISBN978-4-86285-269-4

2018年3月1日　第1刷印刷
2018年3月4日　第1刷発行

編著者　佐藤貴史
　　　　仲松優子
　　　　村中亮夫

発行者　小山光夫

製　版　ジャット

発行所　〒113-0033 東京都文京区本郷1-13-2
電話03(3814)6161 振替00120-6-117170
http://www.chisen.co.jp
株式会社 知泉書館

Printed in Japan　印刷・製本／藤原印刷